JOHN GRAND-CARTERET

L'Affaire Dreyfus
et
L'Image

(Caricature russe.)

260 CARICATURES FRANÇAISES ET ÉTRANGÈRES

L'Affaire Dreyfus et l'Image

OUVRAGES DU MÊME AUTEUR

SUR LA CARICATURE ET L'IMAGERIE

Les Mœurs et la Caricature en Allemagne, en Autriche et en Suisse, 1885, in-4	30 »
Les Mœurs et la Caricature en France, 1888, in-4	40 »
Bismarck en caricatures, 1890, in-18	3 50
Crispi, Bismarck et la Triple-Alliance en caricatures, 1891, in-18	3 50
Wagner en caricatures, 1891, petit in-4	4 »
Les Caricatures sur l'Alliance franco-russe, 1893, in-8	1 50
L'Année en images, 1893 (seule année parue), petit in-4 .	2 »
Napoléon en images. — Estampes anglaises. (Portraits et Caricatures), 1895, in-4	5 »
Vieux Papiers. Vieilles Images (Cartons d'un Collectionneur), 1895, in-4	20 »
Le Musée pittoresque du Voyage du Tsar (Caricatures, Chansons, Images, Bibelots), 1896, in-12	2 50
La Crète devant l'Image (Affaires gréco-turques), 1897, in-12	2 »

IMPRIMERIE E. FLAMMARION, 26, RUE RACINE, PARIS.

L'AGE DU PAPIER

Dessin de F. Valloton (*Le Cri de Paris*, 23 janvier 1898).

Ceci se passe de tout commentaire. Ce fut jadis le titre d'un volume. Ce sera, très certainement, le qualificatif attribué à notre siècle.
Ici le crieur, là le lecteur, ici le marchand, là le consommateur. Toute la synthèse.
Que de papier! que de papier! Et dire que tout cela est destiné à la hotte du chiffonnier.
Demandez l'*Aurore*, *Les Droits de l'Homme*, *Le Jour*, *La Patrie*. Demandez *Le Canard*, *Le Fumiste*, journaux de demain.

JOHN GRAND-CARTERET

L'Affaire Dreyfus

et l'Image

266 caricatures françaises et étrangères

PARIS

ERNEST FLAMMARION, ÉDITEUR

26, RUE RACINE, PRÈS L'ODÉON

Tous droits réservés.

« *Un peuple qui se respecte, respecte son armée.* »

Colonel E. Frey,
Chef du Département militaire suisse en 1893

« *Une armée doit être comme la femme de César : elle ne doit pas laisser planer sur elle l'ombre d'un soupçon.* »

Lazare Carnot,
l'organisateur de la Victoire.

MAI. — M. Emile Zola s'apercevra enfin que si M. Scheurer-Kestner a l'éclat d'un cristal, il en a aussi la fragilité.

JUIN. — M. Joseph Reinach ayant perdu la serviette où il serrait ses convictions, deviendra l'ennemi acharné de tous les ministères.

Prédictions pour l'année 1898, par Moloch.

(*La Chronique amusante*, 6 janvier 1898.)

EN MANIÈRE DE PRÉAMBULE

Origine de l'Affaire Dreyfus. — L'image allégorique. — Le grand coupable : le papier. — Trouble profond des esprits. — État d'âme du pays. — Pourquoi le peuple se tourne vers l'armée.

Ce n'est point, ici, un plaidoyer pour ou contre Dreyfus, pour ou contre Esterhazy, pour ou contre Zola — c'est simplement la réunion des images parues à l'occasion de ces différentes affaires ; ce sont des documents graphiques destinés à montrer au public français les motifs qui ont fait agir les crayons étrangers, — au public étranger les productions de la caricature française.

« L'affaire Dreyfus », ainsi qu'on l'a fait remarquer, a pris naissance et a été portée devant l'opinion publique en 1896, le jour où fut publié dans *Le Matin* le fac similé du fameux bordereau.

Mais l'image, elle, tout d'abord garda le silence, restant sur la condamnation, sur la chose jugée, s'en tenant aux allégories patriotiques de janvier 1895, — telle la saisissante composition de Lionel Royer, *La dégradation*, partout popularisée par la gravure de Méaulle.

Judas ! un tableau empoignant pour l'âme française. Comme une vision d'en haut évoquée par le crayon d'un artiste de talent.

Or, à une planche comme *La Dégradation*, ne pouvait répondre que ce qu'on appelle un pendant, c'est-à-dire *La Réhabilitation*, et tel n'était point le cas. L'allégorie dessinée se tut, elle n'avait rien à dire.

Vint le dossier Scheurer-Kestner et, peu à peu, l'affaire qui n'aurait jamais dû sortir de sa sphère étroite, qui toujours, aurait dû rester sur le terrain juridique — la revision d'un procès entaché de vices de forme — se transforma en question politique, divisant le pays et la presse en deux camps ennemis, prêts à se mesurer, prêts à en venir aux mains. Une étincelle et le feu serait bien vite aux poudres. On a pu en juger tout récemment.

A partir de ce moment, l'image a fait comme tout le monde, elle est intervenue, prêtant son concours aux combattants. Bien vite, l'étranger se passionna, lui aussi, reléguant au second plan ses propres affaires pour ne plus s'occuper que de la question Dreyfus. Et c'est ce qui explique la quantité innombrable de caricatures publiées au-delà de nos frontières.

Mon rôle personnel se bornera donc ici :

1° A dégager la physionomie de la caricature française durant cette triste période de notre histoire ;

2° A exposer les mobiles auxquels ont obéi

les crayons du monde entier, ce que je considère comme une tâche patriotique au premier chef, puisqu'il s'agit de rectifier les égarements, pour ne pas dire les erreurs volontaires d'une presse emballée, voyant trop souvent des ennemis là où il faudrait voir, tout au contraire, des disciples enthousiastes de la France.

Et maintenant quelques réflexons, — quelques points à noter.

Si l'on veut bien admettre, un instant encore, que toute cette scandaleuse affaire prit naissance à la suite du bordereau publié par *Le Matin*, on reconnaîtra que le grand coupable, la cause de tout le mal, se trouve être le Papier, le Papier noirci, bien souvent déjà fauteur de désordres et empoisonneur de la paix publique, et qui, en cette circonstance, a trompé, égaré l'opinion d'une façon indigne, accumulant mensonges sur mensonges, jetant injures sur injures, torturant les textes, falsifiant les déclarations, obéissant aux haines, aux rancunes, aux passions les plus viles au lieu d'être, suivant la belle expression de

SUR LE BOULEVARD, par Fritz Wolff.

Voilà *Le Soir* ! la dernière édition ! cinq centimes ! (en français, dans l'original, ce qui explique la mention cinq centimes pour *Le Soir*.) La loi Heinze à Paris ! Toutes les choses nues doivent être couvertes et, particulièrement, la vérité nue.

(*Das Narrenschiff*, de Berlin, février n° 8.)

Victor Hugo, le « grand phare » qui éclaire l'humanité.

Et ce papier noirci monte, triomphe, se gorge, agitant tous les vieux spectres des gouvernements aux abois, accusant à tort et à travers, jetant la suspicion sur tout et sur tous. Alors que tout s'arrête, que les transactions deviennent de plus en plus difficiles, lui seul prospère, spéculant sur le mal public, affichant sans pudeur ses succès insolents.

Malgré soi, l'on revient à la vignette si caractéristique de Cham, publiée à la fin du second Empire, aux beaux jours de la poussée du papier. Des kiosques regorgent de victuailles noircies et la légende porte : *le papier marche, rien ne va plus*.

Faut-il donc s'étonner qu'une idée pratique, encore que bizarre, germe à ce propos dans le cerveau des producteurs, qui se trouvent être, ici, les fabricants de papier.

Qui est-ce qui constitue le journal imprimé ? le papier. Si à l'avenir on lui refusait la matière première ; si on le mesurait, si on le dosait ! La grève du producteur dans l'intérêt même du consommateur, pour couper court au commerce de ceux qui spéculent sur la nervosité du public. Et voici, en effet, ce que suggéraient au journal *La Papeterie*, organe de la Chambre syndicale des papiers en gros, les tristes scandales pressiers des affaires Dreyfus-Esterhazy-Zola :

« C'est bien, en effet, le procès des petits papiers qui va s'ouvrir. Lettres saisies au domicile d'un absent, lettre remise par la dame voilée au monsieur masqué, bordereau falsifié, affiches incendiaires, journaux accusés d'outrages à l'armée, en vérité retirez le papier de toute cette affaire et dites ce qu'il en restera ? Rien, c'est-à-dire la déposition verbale de témoins qui n'auront rien à dire.

« Et ce n'est pas tout. Le papier n'a pas fini son rôle. C'est à cent mille kilos par jour qu'ont été portées les prévisions supplémentaires de papier nécessaire au tirage de nos journaux. Et pour qui cette avalanche ? pour l'étranger ! Les trois quarts de ce papier passent les frontières, se répandent à l'étranger, dans le monde entier, et vont porter sur cette surproduction bénie de nos machines, le spectacle de nos scandales intérieurs.

« Ah ! quel beau rôle pour nos fabricants de papier blanc ! Arrêter les machines, faire la disette de papier, livrer à la presse le strict nécessaire à son service habituel, d'accord avec les marchés, faire ainsi un silence relatif autour des événements, supprimer les appétits de réclame des meneurs, voilà ce que nous pourrions faire et voilà, j'en suis sûr, ce qu'aucun de nous n'a envisagé.

« Il n'en reste pas moins établi que l'industrie du papier détient la paix d'une nation et que, lorsqu'elle le voudra, elle tuera dans l'œuf toutes les réclames malsaines.

« En attendant la mise en pratique de ces vertus romaines, il me plaît de constater que le papier blanc a une très forte tendance à la hausse. »

Parbleu ! Je le crois facilement.

En attendant l'époque encore lointaine où le journalisme sera réduit à la portion congrue par une sorte de censure anticipée d'une nouvelle espèce, s'exerçant non plus sur l'idée, mais sur la matière première, le Papier noirci continue à fausser le jugement des braves gens qui considèrent Zola *comme un Italien vendu à l'Allemagne,* et tels hommes éminents comme des *misérables,* parce qu'ils l'ont vu *imprimé en toutes lettres,* dans leur bréviaire quotidien.

Et on ne saurait leur en vouloir à ces braves gens, puisque suivant les moments, suivant les personnes, tout change, tout revêt une allure différente, puisque plus rien de stable n'existe, puisqu'il est permis aux uns de douter de la culpabilité de Dreyfus, d'insulter l'armée, de traîner ses généraux dans la boue, et que dans la bouche ou sous la plume des autres, douter un instant de l'infaillibilité d'un conseil de guerre ou de l'intelligence d'un officier, devient un crime de lèse-patrie.

Partout l'illogisme, un vrai labyrinthe en lequel les meilleurs esprits se perdent et tout cela parce qu'à la politique des principes sur lesquels reposera toujours la morale sociale on a substitué la politique des intérêts personnels, vivant au jour le jour, et se servant de tous les moyens suivant les besoins du moment.

Au milieu de ces affirmations solennelles et de ces dénégations impudentes, au milieu de cette impuissance générale, de ce trouble profond, au milieu de l'anarchie gouvernementale, le public, une fois encore, se sent porté vers ceux qui, placés dans une sphère spéciale, lui paraissent vivre en dehors de toutes les bassesses de la politique, de tous les scandales de l'argent, et comme tels, semblent, à ses yeux, incarner en eux l'honneur du pays. Le prestige de l'uniforme, de la caste ! Il ne voit pas plus loin : tout ce qu'on essaye de lui faire entendre dans un autre ordre d'idées est pour lui, pures arguties d'avocat. Et l'avocat, c'est la procédure, c'est le Palais, c'est la Justice, une dame sévère, souvent dure aux petits. Quant aux intellectuels, aux savants, aux universitaires, ce sont des gens à part, constituant une aristocratie dont il se méfie, et qui malheureusement, ne savent pas lui inspirer confiance.

On lui dit que Zola a insulté l'armée, il est contre Zola ; on lui dit que les Juifs l'affament et sont la cause de tout le mal actuel, il est contre les Juifs. Et si l'armée a toutes ses sympathies, c'est parce que le régiment est, pour lui, comme une sorte de revanche sur les riches, sur les privilégiés. L'égalité parfaite sous la forme de l'obéissance absolue ! Le passage au niveau !

Veut-on connaître à fond l'état d'âme du pays, on n'aura qu'à lire attentivement, à méditer profondément le tableau qu'en fait dans un journal M. A. Sabatier, directeur-adjoint à l'école des Hautes-Études.

« Il n'en demeure pas moins que les esprits sont profondément troublés et soucieux de l'avenir. Je ne parle ici, bien entendu, que des gens honnêtes, sincères, des bons et loyaux serviteurs du pays. Ils sont divisés entre eux et la plupart sont divisés en euxmêmes, et cette division intérieure va jusqu'à l'angoisse. C'est l'effet des ténèbres où toute cette affaire de Dreyfus jusqu'à Zola en passant par Esterhazy se déroule, des passions politiques et religieuses qui s'y sont mêlées, des mensonges et des légendes que la presse y a versés et que l'on sent la justice elle-même impuissante désormais à dissiper ou à éclaircir. De là un état général de doute et de perplexité chez presque tous les esprits qui, voulant se faire une conviction personnelle, se voient en même temps incapables d'y réussir, parce qu'ils n'en ont plus les moyens. Si l'on écarte les gens véreux et les journalistes visiblement intéressés à soutenir une thèse de parti pris, comment contester la bonne foi des officiers supérieurs qui jurent sur leur honneur que Dreyfus est coupable, et la bonne foi d'hommes comme MM. Scheurer-Kestner, Trarieux, Ranc, Zola, Clémenceau, qui le tiennent pour innocent ? Que voulez-vous que devienne le bon et sage public qui n'a ni le temps ni les facultés de faire des comparaisons d'écritures, de peser des témoignages, de tirer des inductions vraisemblables de quelques faits établis ? Il flotte, s'agite, cherche où accrocher son esprit et sa foi. Il faut à ce public une autorité à laquelle il puisse s'abandonner avec confiance. Il cherche cette autorité sûre et ne la trouve point.

« On a réussi à mettre en conflit, chez lui, deux sentiments qui lui sont également chers. Il veut avoir une armée respectée et une justice respectable. Or, ceux qui défendent ou paraissent défendre l'armée le font par des procédés qui inquiètent justement tous les citoyens qui ont quelque souci de la vérité, de la liberté et de la justice. Et d'autre part, il faut bien le dire, les injures de M. Zola et de quelques socialistes et anarchistes qui viennent lui offrir un concours compromettant ne tendent à rien moins qu'à faire perdre la confiance de l'armée en ses chefs et à y relâcher tous les liens de la discipline. Comment ceux qui croient qu'un peuple ne peut vivre aujourd'hui, sans être fort militairement et sans être juste socialement, ne seraient-ils pas douloureusement angoissés de voir se heurter avec tant de violence ces deux parts de leur patriotisme ?

« Et c'est ce qui vous explique les divisions et les polémiques qui éclatent non plus dans la presse ou devant les juges, mais dans les familles, où le père est en conflit avec les fils, dans les salons, où les maîtresses de maison sont obligées de proscrire un sujet de conversation qui allume la guerre, dans les associations de toute nature, où éclatent des dissidences capables de les dissoudre. Un vent d'affolement et de violence semble souffler partout et menacer de désagréger les assises mêmes de la société française.

« Je ne voudrais pas finir ces réflexions par une note trop découragée. Aussi bien, si ces luttes et ces divisions sont attristantes, elles ont cependant leur bon côté. Les deux principes qui les provoquent dans le cercle et dans la conscience des bons citoyens sont infiniment justes et respectables et excusent en partie l'ardeur véhémente avec laquelle ils se heurtent. C'est la preuve que l'âme de la France n'est pas morte. Dans le procès Zola, qui se plaide avec un acharnement inouï, à côté de très vilaines choses, et de très bas caractères amenés au jour, il s'est révélé des deux parts de nobles âmes et de braves gens. »

J'ajouterai — « Et tout cela pour un traître, pour un Juif, pour faire plaisir à des sans-patrie, à des rhéteurs, à des affamés de gloire et de popularité ! Faut-il donc que tout un pays soit troublé dans l'intérêt d'un seul, quand bien même toutes les formalités de la procédure n'auraient pas été exactement observées à son égard ! » Voilà ce que pense Populo, s'il ne le dit point ; — voilà ce qu'on se charge de lui faire dire s'il ne le pense pas de son propre chef.

Dans les revendications des « intellectuels », de ceux qui veulent en finir avec les mensonges de la politique, — je spécifie, car l'acte accompli par Zola a été désapprouvé par la plupart des Israélites, comme violent et inhabile — on est arrivé à lui faire voir une campagne nuisible aux intérêts de la France, destinée à sauver par tous les moyens un traître cher à la Triplice.

Peu lui importent la Vérité, la Justice, le Droit ! Tout cela c'est bon pour les chercheurs d'idéal, pour les rêveurs, pour ceux qui croient encore à une conscience nationale.

Vivant d'une existence terre à terre, il ne peut apprécier les choses que d'une façon terre à terre. Et c'est pourquoi entre le politicien retors, le soldat qui jure sur son honneur, l'intellectuel qui doute et le penseur qui accuse sans donner à son accusation des formes précises, « des preuves descendant du ciel comme un tonnerre, à la façon des mélodrames » ; il n'hésite point, il est pour le militaire.

JOHN GRAND-CARTERET.

Henry Somm (*Le Rire*).

A Forain
Doux pays!!!! Mort aux Juifs!

— Et toi, Félix, que penses-tu de toute cette affaire?
— Madame, il fait grand vent et j'ai tué six lapins.

Revue Comique du mois de janvier, par Gil Baer.

(*Le Supplément*, 1ᵉʳ février 1898.)

LA CARICATURE FRANÇAISE

État actuel. — Rôle terre à terre au service des partis politiques. — Ce qu'on était en droit d'attendre d'elle. — Images dreyfusiennes et anti-dreyfusiennes. — Les maîtres : Hermann Paul, Willette, Forain, Caran d'Ache. — Feuilles d'actualité. — Composition de Valloton résumant la situation.

I

Comme les lettres, comme la presse, comme l'opinion publique elle-même, la caricature française a été fort divisée au sujet de ce qui était, il y a quelques mois encore, l'affaire Dreyfus, et de ce qui tend, de plus en plus, à devenir bien autre chose, quoi qu'on continue à l'appeler de ce nom.

Et de ces divergences, il ne faut point s'étonner puisque les journaux à images ne sont que des instruments exprimant par le crayon ce que les journaux à tartines politiques expriment par la plume, c'est-à-dire les opinions, les intérêts et trop souvent, malheureusement, les passions des partis. Bleus, blancs, rouges, il leur a fallu, pour suivre graphiquement l'actualité, se déclarer *dreyfusiens* ou *anti-dreyfusiens*, de même que, toujours pour obéir aux nécessités du moment, ils commencent à s'affirmer sémites ou anti-sémites.

Esclaves de l'actualité, ce grand mal moderne, journaux à images et dessinateurs sont donc forcés de descendre dans l'arène, chaque fois que surgit un événement nouveau, et, on ne saurait trop le dire, dans une arène singulièrement amoindrie.

Au lieu de l'idée jadis triomphante chez les maîtres du crayon, c'est l'œuvre terre à terre ; — au lieu de la grande satire sociale, ce sont les attaques personnelles, ce sont les injures graphiques — digne pendant des insultes que distille avec amour la presse quotidienne.

Comme la plume et comme la parole, l'image crie, assourdit, attaque, accuse, grossit, exagère. C'est, je le répète, le mal politique dans toute sa floraison; le commencement de la folie furieuse dont se trouvent atteints, tôt ou tard, tous les peuples qui, comme nous, se laissent prendre à de mensongères fictions.

Scientifiquement parlant, agioteurs et politiciens — les deux maîtres de la France — sont des agités, des aboyeurs. On crie, on hurle, dans l'enceinte des Bourses, comme dans l'enceinte des Parlements.

Et c'est pourquoi, chargés de mettre en image les faits du jour ou de caricaturer les hommes du moment, les dessinateurs grandis sous cette influence, ont, sans cesse, recours aux moyens extrêmes pour attirer, amuser, retenir la galerie, exagérant, grossissant, ridiculisant à plaisir hommes et choses !

Hélas ! tout cela c'est la caricature amoindrie, descendue d'un échelon, la caricature rognée, écourtée, j'allais dire domestiquée par le politicien.

Et jamais encore cela n'était apparu aussi nettement que durant les tumultueuses journées qui porteront dans l'Histoire le nom de *période dreyfusienne* et qui virent éclore l'amas d'images dont on trouvera ici — je ne dis pas la complète, mais, tout au moins, l'exacte reproduction.

Où es-tu, Caricature des grands jours ? Où êtes-vous, maîtres de la Caricature ?

Où êtes-vous, admirables planches sur la Justice, sur la Liberté, sur Sa Majesté l'Argent, sur l'Armée de l'éteignoir, sur les ventrus et les satisfaits ! Où êtes-vous, jours inoubliables de la grande satire humaine où, au bas d'une planche saisissante d'émotion, vibrante d'art et de vérité, Traviès plaçait cette légende : *On vous parle Conscience, Justice, Liberté, et vous répondez sacs d'écus !!*

Où êtes-vous, estampes qui, il y a un siècle juste, en l'année 1798, traîniez au *tribunal de l'opinion publique* — cela s'appelait et pouvait, avec raison, s'appeler ainsi — ceux qu'on dénommait les *Vautours du XVIIIe siècle*, les croquants, les traficants, les *nouveaux enrichis du Directoire*, les *Crésus modernes* — en un mot les enrichis à la suite des spéculations politico-financières du moment qu'on poursuivait, notez-le bien, tous en bloc, sans distinctions ni de race, ni de religion.

1798-1898. Alors, comme aujourd'hui, mêmes accusations, mêmes soupçons, mêmes symptômes, même malaise social. Partout l'on croyait voir la main de l'étranger ; partout les oreilles croyaient entendre tinter l'or étranger.

Ridiculisés, hués, les *Vautours du XVIIIe siècle* — gorgés de la misère publique et les impuissants des assemblées législatives ne voyant de la France que leurs sièges de députés, amenèrent le sabre, et comme le sabre n'était pas encore émoussé, comme le sabre triomphant venait de porter haut, dans l'Europe entière, le nom de la France, il nous valut le Consulat, c'est-à-dire la période la plus glorieuse de notre histoire, en ce siècle.

Le monde étant un perpétuel recommencement, le règne de Louis-Philippe vit revenir les ventrus et les satisfaits. Cette fois, le sabre vengeur fut la Caricature qui, par le crayon des Daumier, des Grandville, des Traviès se fit le porte-parole de la Liberté et de l'Honneur.

Qui va se lever, aujourd'hui, puisque, suivant l'expression consacrée, nous voici à un de ces tournants de l'histoire où il faut que quelque chose vienne renouveler une société désorganisée en laquelle les grandes institutions d'autrefois ne sont plus que façades purement décoratives.

Qui? — Quoi? — Où est la Formule, où est la Vierge des temps nouveaux? L'avenir — un avenir plus ou moins lointain — seul est à même de nous répondre.

II

Au milieu de la divagation universelle, on eut accueilli avec joie le caricaturiste qui se serait levé, le crayon vengeur à la main, qui s'en serait servi comme d'un fouet contre les vrais insulteurs de l'Armée et contre les insulteurs constants de la Magistrature, contre les ennemis acharnés de la Lumière qui renouvellent de façon si bizarre, à notre époque, les exploits des célèbres chevaliers de l'Éteignoir au commencement du XIXe siècle, aussi bien que contre ceux qui, ennemis de toute religion, posent à nouveau, on ne sait trop pourquoi, le dogme de l'infaillibilité de l'État et même de l'infaillibilité de l'Individu.

Daumier, que n'es-tu là pour fustiger ces papistes plus papistes que le Pape ?

La caricature ! Le champ lui était propice. Elle n'avait qu'à se montrer, elle n'avait qu'à taper dans le tas ; elle n'avait qu'à ridiculiser les chercheurs de scandales, les fouilleurs de vie privée, les publicateurs de mensonges et de fausses nouvelles sciemment répandues, les fabricateurs de faux papiers, les voleurs de lettres intimes, — tous ceux qui, à droite ou à gauche, transforment la France en une loge de portière.

Elle ne l'a point voulu. Réduite à son rôle de besogne quotidienne, elle a suivi les politiciens, elle les a aidés dans leur œuvre. Et tous les crayons, tous, depuis les plus illustres jusqu'aux plus infimes; ont cru devoir donner personnellement, suivant leurs convictions, suivant l'attitude prise par les journaux dont ils sont les fournisseurs attitrés.

Et pourtant, jamais l'image ne fut plus nombreuse ; jamais encore l'image n'avait tenu pareille place dans nos préoccupations.

Sur les feuilles, grandes ou petites, ne triomphe-t-elle pas partout! Aux côtés des hebdomadaires, comme *Le Grelot, La Silhouette, Le Pilori, La Comédie politique*, presse classique, voici les quotidiens : *Figaro, Événement, Autorité, Patrie*, qui s'ouvrent tout grands au graphique, qui semblent vouloir donner au crayon une place continue ; voici les feuilles littéraires montmartroises qui essaient de faire revivre une caricature plus artistique ; voici les feuilles de circonstance, canards, placards ou autres, écloses à la suite des événements ; voici même le journal-images créé par deux maîtres, Forain et Caran d'Ache.

Eh bien ! petit ou grand, bon ou mauvais comme exécution, tout cela a servi des passions, des intérêts. Seules, une ou deux exceptions sont à signaler : j'y viendrai tout à l'heure. Pour l'instant, contentons-nous d'enregistrer le pour et le contre ; je veux dire groupons les journaux, les caricatures, suivant les deux partis créés : *dreyfusien, anti-dreyfusien*, — puisque l'entêtement, la mauvaise volonté des politiciens a pu amener la création en notre France de partis se groupant autour du nom d'un condamné, *justement condamné* — ont affirmé sur l'honneur des militaires.

Contre Estherazy, contre Rochefort, contre les conseils de guerre figure, seul, dans l'ancienne presse à images, *Le Grelot* avec son dessinateur immuable, Pépin, alors que *La Silhouette* et *Le Pilori* tressent des couronnes à l'armée et à Rochefort — la politique a de ces accouplements bizarres — et traînent dans la boue Émile Zola. Chose caractéristique : *Le Grelot* s'était déjà fait remarquer par son attitude nettement anti-boulangiste, tandis que *Le Pilori* racontait en dessins suggestifs les exploits du brave général.

Organe d'humour, de gaité franche et bien gauloise, *Le Rire* ne pouvait que faire passer devant ses crayons les personnages du jour. Léandre nous a donné un amusant Scheurer-Kestner et Henry Somm d'une plume qui sent toujours l'eau-forte a signé de gentils petits cro-

— Mes aïeux étaient Vénitiens... Est-ce que positivement j'aurais une lagune dans le cerveau ?

Henry Somme (*Le Rire*).

quis de Zola. Arsène Alexandre a pensé qu'il fallait faire rire un peu, et il a réussi.

Organe de réforme, de renversement social, *Le Père Peinard* ne pouvait être qu'avec ceux qui demandent la revision du procès Dreyfus, mais à sa façon ; c'est-à-dire en spectateur applaudissant aux coups échangés, heureux de voir la vieille société livrée aux discordes et exprimant librement, en des images pleines de pensée, ses principes et ses espérances contre l'armée-caste et contre la morale bourgeoise qui consiste à dépouiller les Juifs... parce que Juifs.

Avec une note d'art très personnelle, Hermann Paul, dans *Le Cri de Paris*, organe de curieuse documentation, suit à peu près la même ligne. Le jeune dessinateur a une façon de synthèse graphique qui rappelle, quelquefois, les hardies compositions de Gill, dans la *Lune Rousse*, durant la période du Seize-Mai. C'est lui qui a trouvé, pour résumer la situation actuelle, la vignette : un sabre dans un rond de cuir, le tout entouré d'une auréole ; — un rien qui en dit long.

Watteau égaré en notre siècle, Willette a, comme toujours, cherché la note philosophique, et notre pierrot-cocardier a, dans le *Courrier Français*, remis un peu tout le monde en place. Tout homme a son côté grotesque, chaque chose a son côté ridicule, et cela Willette, comme pas un, s'entend à le mettre en lumière. Le crayon qui pense, qui exprime en quelques traits ce que d'autres développent en d'indigestes articles.

Contre Zola, contre les Juifs, — et même, on peut le dire, puisqu'ils s'en expliquent nettement, contre la magistrature — voici les journaux jeunes, *Les Quat'-z-'Arts*, *Le Grand Guignol*, avec Léandre; puis, au premier rang, les deux dessinateurs en lesquels s'incarne la caricature française, Forain, Caran d'Ache.

Forain, c'est-à-dire l'ironie amère, le trait qui perce, la légende qui mord ; — Caran d'Ache, c'est à-dire l'actualité mise en images pittoresques, quand elle n'est pas traitée en manière de tableau. Avec eux c'est le *Figaro*, d'abord, puis cette feuille écrite au crayon, premier essai en France des feuilles volantes à images nées en Allemagne, le *Psst!...* qui a fait, dans la rue, se retourner tant de Parisiens.

Dans le *Figaro* ils planent, philosophe railleur, observateur bon enfant, plaçant la caricature au-dessus des exigences de la lutte. Avec le *Psst!...* ils se jettent dans la mêlée apportant à l'armée et à l'anti-sémitisme le précieux concours de leur talent. Leur thèse est simpliste; c'est le sentiment populaire mis en images. Depuis trente ans on a tout tué, tout démoli, une seule chose est restée debout : l'armée ; et c'est *le petit pioupiou*, le « chien de garde français », dernier rempart de la patrie diminuée, rabaissée, qu'on cherche à descendre maintenant. En développant cette idée ils se sont trouvé amenés, pour la première fois, à faire œuvre de parti ; lançant leurs traits contre le Juif, contre l'Allemand, contre le

Croquis de Forain (*Le Figaro*, février 1898).

robin — car s'ils aiment tous deux le sabre, tous deux également semblent avoir une vieille dent contre Israël et contre la toge.

Par haine de l'avocasserie, par lassitude du parlementarisme, par énervement nous voici donc sur le chemin qui mène... où vous savez. Et c'est le silhouetteur de l'épopée napoléonienne, au théâtre du *Chat Noir*, et le satiriste mordant de la Présidence, celui qui, en une image typique, disait à Félix Ier : *Vous n'êtes pas de force, vous y auriez perdu vos guêtres*[1], qui sonnent le clairon.

Dont acte.

Certes, dans toute cette imagerie, il y aurait un choix à faire, mais le public le fera lui-même, en parcourant ces pages.

Parmi les journaux à caricatures, il y a, comme ailleurs, les violents et les modérés, les passionnés et même les neutres — ceux qui aiment à avoir recours aux arguments frappants, qui, par le dessin et par la légende, ne reculent devant aucune violence naturaliste, qui, s'adressant au peuple, savent qu'il faut lui donner des dessins aux idées nettes, d'une compréhension facile ; et c'est pourquoi, — tel, du reste, le langage des feuilles écrites — ils représentent Scheurer-Kestner tenant un châlet de nécessité, Esterhazy en uhlan, Zola en allié de la Triplice, Rochefort en phare lumineux, à moins que ce ne soit le clown à la houpette amusante, classique depuis le boulangisme ; — ceux qui parlent de la question du jour parce qu'ils ne peuvent faire autrement, qui inventent à son sujet des histoires quelconques, qui représen-

---

(1) *Figaro*, 7 mai 1896.

tent en une succession de petites images le traître sans le savoir, l'expert embarrassé ou qui, encore, partent de là pour dire au public en vignettes

N'ÉCRIVEZ JAMAIS

Vignettes de Caran d'Ache (*Le Figaro*, février 1898).

suggestives — Caran d'Ache *fecit* — : « N'écrivez jamais », ou qui, enfin, transforment tout cela en petites pensées graphiques, si même ils s'en font du simple fait divers illustré. A remarquer, tout particulièrement, dans cet esprit, l'attitude du *Charivari* qui, lui, a tenu à rester neutre, donnant ainsi un bel exemple d'indifférence philosophique. Pas de boue, pas d'encens, ni sur Zola, ni sur Esterhazy. Exemple à retenir, alors que des journaux qui, par nature, ne sont point portés aux choses de la politique, — tel le *Don Juan*, — n'ont pu résister à quelques lointaines et, du reste, très artistiques allusions.

Combien différente l'attitude de certains quotidiens où l'image suit de près le texte. En ce genre rien n'égalera la campagne graphique entreprise par *La Patrie*, et dirigée tout particulièrement contre Zola.

J'avais pourtant des preuves, où sont-elles donc passées ?

Croquis de Trick.
(*La Patrie*, 22 janvier.)

Car si l'on voulait, réellement, écrire l'histoire de l'affaire Dreyfus, il faudrait établir deux grandes périodes — à l'heure actuelle, tout au moins, — d'une part la période purement politique avec Scheurer-Kestner, d'autre part la période révolutionnaire avec Émile Zola.

Et maintenant, deux mots

sur ce que l'actualité a fait naître et... disparaître. Feuilles écloses au clair de lune dreyfusien, entrées dans la danse pour ou contre Dreyfus, qui êtes-vous ? C'est *La Débâcle* peu tendre pour les citoyens Rochefort, Esterhazy et Millevoye ; c'est *L'Étrille* d'Alfred Le Petit, trop heureux de pouvoir ressortir pour Zola le cochon sous les traits duquel, jadis, il représentait Napoléon III

— Moi aussi je veux aller à l'île du Diable, na !

Croquis de Trick.
(*La Patrie*, 26 janvier.)

— après l'Empereur, le maître écrivain ; — c'est *Le Sifflet*, réponse au *Psst!...*, ayant, comme ce dernier, ses crieurs à arme parlante (ses vendeurs vous assourdissent à coups de sifflet), *Le Sifflet*, pour lequel dessinent des crayons connus, — c'est même — *risum teneatis amici* — *Ouste!* débuts dans les arts iconesques d'un jeune adolescent, dont le talent graphique ne paraît pas devoir être plus transcendant que le talent littéraire. Signe des temps : l'affaire Dreyfus devenant pour d'illustres inconnus prétexte à réclame !

Feuilles nées et presque en même temps disparues !

Toutefois, ce ne sont point uniquement images jetées au vent, car en ce *Sifflet* apparaît la vraie caricature de circonstance, celle que j'invoquais tout à l'heure, la caricature qui plane, la caricature qui remonte à la source, qui s'attaque au mal lui-même, au lieu de tomber uniquement sur tel personnage transformé en bouc émissaire.

La voilà sous le monogramme bien connu d'un artiste qui se complait habituellement aux notations de la rue, F. Vallotton. C'est simple et c'est précis. De leurs mains calleuses deux paysans labourent le vieux champ de France, terre toujours féconde, arrosée du sang de tant de martyrs; ils se sont arrêtés, debout, face à face, et, malicieusement, l'un lance à l'autre cette vérité que tout le monde, aujourd'hui, perçoit :

« Tout ça, c'est point de la Justice, père Bridu, c'est de la politique. »

Voilà ce que la caricature, l'éternelle justicière, devait enregistrer, et ce sera l'honneur de Vallotton d'avoir continué la grande tradition des Daumier, des Traviès, des Henry Monnier, des Grandville, de même que Steinlen, avec ses *Arguments frappants,* avec *Les Moutons de Boisdeffre*, donne, en *La Feuille*, un document précieux pour l'extrême aménité des mœurs politiques à la fin du XIXe siècle et pour l'éternelle comédie des foules toujours prêtes à s'incliner devant la force, d'où qu'elle vienne.

Les formes changent : le fond reste.

L'humanité d'aujourd'hui est, encore, l'humanité d'hier.

Prédictions pour l'année 1898, par Moloch.

(*Chronique Amusante*, 6 janvier 1898)

LA BÊTE HUMAINE.

Zola, le puissant coloriste de la parole, pourra compléter, cette fois, sa *Bête humaine*.

(*Fischietto*, de Turin.)

LA LITTÉRATURE ET L'IMAGERIE

POPULAIRES

EN FRANCE ET A L'ÉTRANGER

Contre Dreyfus. — Contre Zola. — Raisons de l'acharnement contre ce dernier. — Chansons et bibelots divers. — Son immense popularité à l'étranger. — Les hommages s'adressent à l'écrivain. — Cartes postales et images diverses.

I

Le peuple n'y va pas par quatre chemins. Il aime les choses simples, et les gros mots ne l'effrayent nullement. Loin de là. Aussi, point besoin de gants pour parvenir jusqu'à lui. Les grandes phrases, les mots à effet, les périodes oratoires savamment amenées, le laissent indifférent ou ne l'empoignent que d'une façon superficielle. Parlez-lui la langue du *Père Duchesne* ou du *Père Peinard*, cela vaudra mieux. Et c'est pourquoi de tout temps, la littérature, la chanson, l'image, lorsqu'elles voulurent aller à lui se firent grossières, injurieuses ; souvent même ordurières.

Tel il en fut sous la Révolution contre Louis XVI et Marie-Antoinette ; tel sous la Commune contre Napoléon III et l'Impératrice.

Dans ces conditions, ne vous étonnez pas que la littérature et l'imagerie de colportage dirigées contre Zola soient d'une extrême violence et se complaisent à couvrir de boue celui que certains journaux ne cessent de représenter comme ayant tout sali, tout vilipendé, comme s'étant complu par goût, par besoin inné, dans la description de choses peu édifiantes.

La caricature ! Elle a, depuis vingt ans, poursuivi notre écrivain de ses traits mordants, de ses attaques passionnées : elle a fait pour ainsi dire, du cochon, son compagnon fidèle et Zola, nouveau saint Antoine, a dû marcher dans l'image au milieu de sentinelles fumantes postées à tous les coins sous les ordres d'un nouveau général Cambronne.

L'arme était donc toute trouvée, toute indiquée, et elle a été brandie avec enthousiasme par ceux

LITTÉRATURE ET IMAGERIE POPULAIRES

J'ACCUSE...!

(*La Patrie*, 16 janvier 1898.)

* Caricature de Zola publiée par *La Patrie* et destinée à accompagner l'article de M. Emile Massard *Je prouve...! Pas de Phrases, des Faits !* dans lequel sont accusés tous ceux qui ont pris la défense de Dreyfus.

Combien de cochons, combien de vidangeurs, combien de chiffonniers, combien de Coupeau ; combien de gestes peu nobles, combien de personnages et d'accessoires vulgaires se rencontrent dans l'iconographie de Zola ; on ne saurait le dire, mais le nombre des pièces de cette espèce est certainement considérable.

Que de fois ne l'a-t-on montré aimant à flairer la bête humaine, se délectant à l'odeur des sentines, se plaisant à de singulières pots-bouilles !

Emile Zola ou l'art de mettre des virgules, par Emile Cohl (*La Presse Parisienne* 1882), — le Zola, d'Alfred Le Petit, au milieu de sentinelles fumant la pipe (*Les Contemporains* de Champsaur), — le Zola de Luque traçant au tableau noir un cochon en lequel il personnifie l'humanité, le Zola de Daniel Trimm (*Le Forum*) « tout homme porte en lui un cochon qui sommeille ; — celui de Zola a souvent des insomnies » — sont des pièces qu'on peut citer ici parmi les plus typiques.

Il manquait l'insulte grossière, le vidangeur, un sac d'écus en main — suivant le vieux proverbe, l'argent n'a pas d'odeur — ... la voici en toute son éloquence.

qui avaient intérêt à le perdre, tandis que les salons du grand monde et les parlottes littéraires applaudissaient *in petto*.

Ce n'est pas au peuple qu'il faut demander de porter un jugement sain, impartial sur l'homme qui, dans l'histoire littéraire de notre temps, a tracé un sillon si profond; de lui, de son œuvre, le peuple n'a vu, lu, retenu que les tableaux d'un naturalisme affriolant; volontiers il eût demandé des éditions expurgées de toutes leurs admirables descriptions, de toute leur grande conception philosophique, le fond étant pour lui pur hors d'œuvre. Aux scènes de l'*Assommoir*, aux pétarades de *La Terre*, aux gestes de *La Mouquette*, il s'est complu ainsi qu'en des choses vues et vécues.... jusqu'au jour où on est venu lui dire, lui répéter sur tous les tons que Zola l'avait sali, vilipendé, lui peuple, qu'il avait traîné dans la boue l'armée, la démocratie, la patrie, la République.

Et le peuple a cru. Que dis-je ! Après la lettre *J'accuse*, après le procès des quinze jours, il s'est retourné violemment contre celui qu'on lui disait être le grand corrupteur de nos mœurs, le grand insulteur de nos gloires.

A force d'entendre répéter : « Zola récolte ce qu'il a semé, Zola est puni par où il a péché, » il s'est dit qu'on ne le mettrait jamais assez dans la mélasse et il s'est jeté avec joie sur ce débordement d'injures et de malpropretés, de calembredaines grossières, auprès desquelles le poissardisme à la Vadé se trouve être de la littérature de jeunes pensionnaires, le gros sel de la Restauration, de l'esprit et du meilleur.

Ces quelques indications étaient nécessaires pour expliquer la véritable levée de boucliers, partie d'une officine de la rue Montmartre, qui s'est fait une spécialité des canards, questions, amusettes, et dirigée en somme, bien plus contre Zola que contre le fameux syndicat.

Contre le syndicat, contre Dreyfus, on avait été relativement modéré. Ce furent surtout les brochures, les placards, les grandes feuilles volantes aux titres multiples, tirant l'œil par une savante typographie, par la gamme montante des caractères.

Preuves écrasantes de la trahison; L'honneur de l'armée; Infâmes machinations; A bas les Juifs; D'où vient l'argent; Les révélations de la femme voilée; Un complot de faussaires; A Mazas; Les aveux du traître, tout cela se lisait sur un même placard, à la fois titre et sommaire — et j'en passe encore. Significatives, par exemple, les légendes des portraits : Scheurer-Kestner *industriel allemand — la victime des Juifs*, le commandant Esterhazy — Pauffin de Saint-Morel, *victime du syndicat Dreyfus.* Et non moins significative la littérature demandant une charrette pour tous les misérables du Syndicat, toutes les crapules, les Monod (sic) et *tutti quanti.*

Puis, vint *Dreyfus à l'Ile du Diable. Sa trahison reconnue par les rayons XXX. Conspuez le Figaro,* avec une chanson en vingt-quatre couplets (excusez du peu!) sur l'air : *A la façon de Barbari, mon ami.*

> L' frèr' Mathieu, un rusé Youpin,
> Qu'était bourré d' galette,
> Se mit à chercher le moyen
> D' faire croire son frère honnête.
> D'puis c' temps-là, du Palais-Bourbon,
>   La faridondaine, la faridondon !
>   Au Luxembourg on n' vit plus qu' lui,
>   Biribi
>   A la façon de Barbari,
>   Mon ami.

> Matin et soir dans les journaux
>   Qu' n' gobent pas l' ministère,
> Il publiait dans les échos :
>   « Une erreur judiciaire »
> A seul' fin d' troubler l'opinion,
>   La faridondaine, la faridondon.

Tout cela se terminant par un appel « aux jeunes gens à l'âme altière » pour chasser à la frontière les traîtres, les félons, les espions.

Page extraite de l'*Alphabet des Youpins*, par Coï-Yen (Léon Hayard, édit).

Voici encore la *Lettre d'Alfred Dreyfus à la France* « lettre qu'il écrirait s'il n'était pas un traître, à la suite de la déclaration de M. Cavaignac », faisait observer l'auteur du placard, M. « H. V. de M..., ancien capitaine d'artillerie », et aux abords du jour de l'an, les questions point méchantes, permettant au public de « se payer la tête du traître » ; — *Le pif du frère à Mathieu*. — *Le secret de la dame voilée*, dont chacun en veine de gaieté, tournait la roue avec acharnement. Ajoutez l'*Alphabet des Youpins* par Coï-Yen et quelques chansons comme *Dreyfus, Reinach et Cie*, *les Juifs à la frontière*, paroles de Ceydrole[1], créées, nous apprend-on, « au local de la jeunesse antisémite. »

Tout cela dans la note bon enfant : puisque tout le monde se passionnait autour de l'affaire, ne fallait-il pas chercher à amuser Monsieur Tout le Monde ?

A partir du moment où Zola apparut au premier plan, brisant les vitres avec sa lettre *J'accuse*, le débordement commença, le camelotage tira à boulets rouges.

---

1. Un couplet permettra de montrer avec quelle littérature on élève l'âme de la jeunesse antisémite :

> Mais maintenant le jour est v'nu
> Où tous les youtres vont être pendus,
> On expédiera leur derrière
> A la frontière !

QUESTION POPULAIRE EN PAPIER-CARTON

Roue tournante faisant circuler contre les deux ouvertures, les personnages dessinés dans le rayon de la roue.

* Ce genre de question, de bibelot populaire qui se colporte et se crie dans les rues, n'est point une nouveauté. Les premiers types apparurent, si je ne me trompe, lors de la période boulangiste ; depuis lors, à chaque événement important, à chaque affaire retentissante, lutte ou procès politique, on a vu revenir l'objet à roue.

44 L'AFFAIRE DREYFUS ET L'IMAGE

A la *Lettre de Zola à la France*, à la *Lettre de Zola aux étudiants* répondirent — la *Réponse de tous*

ROUE DE LA QUESTION : LE SECRET DE LA DAME VOILÉE

Ici, naturellement, tournent tous les personnages qui, de près ou de loin ont joué un rôle quelconque dans l'affaire Dreyfus, avant l'apparition de Zola. Comme pour tous les objets populaires destinés à être camelotés, le titre est pompeux.

les Français à Émile Zola « réponse énergique » donnée par la simple ouverture de la page sous la forme d'un flamboyant « M.....! » — toujours

DREYFUS, REINACH & Cie

PAROLES DE JACQUES CAILLY

Chanson créée au local de la Jeunesse Antisémite, (3, Rue de Cluny)

Couverture de chanson colportée dans les rues (Léon Hayard, éditeur).

le mot cher à Cambronne ; — la *Lettre aux sergents de ville d'Émile Zola*, signée Jean Monec « pseudonyme cachant une des personnalités les plus distinguées du monde des lettres ouvertes par en haut. » — Pourquoi cette lettre aux braves sergots, parce que ayant mis la police en mouvement, « Zola a des sergents de ville, comme François Coppée des cataplasmes. »

« Zola! oh là là. Ça ne peut rimer qu'avec caca. »

La chanson *Dreyfus, Reinach et C*^{ie}, elle, se charge de trouver autre chose.

> Et c' qu'eut été l' plus épatant,
> C'est que l' père Zola la Mouquette
> N'eût pas f... tu son nez là-d'dans
> Pour en r'tirer un brin d' galette!
> Ah! mince alorss!... ce sal' mec-là
> S'y entend à ramasser la thune,
> Qu' son amie, la môm' Nana,
> Gagne au raccroc sur le bitume.

Le style, on le voit, est à la hauteur de la pensée.

Il est vrai qu'en même temps — ceci se vendait avant l'ouverture du second conseil de guerre — on chantait déjà les louanges d'Esterhazy.

> Somm' tout' là d'dans que reste-t'-y
> Que reste-t'y pour nous d' potable ?

Y'a le commandant Esterhazy
Qu'est un pauvr' bougre pas coupable.
Oui mais, est-c' que l' governement
Saura remplir sa lourde tâche.

Le gouvernement! Non seulement, il a rempli sa « lourde tâche », mais encore, du haut de la tribune, il a fulminé contre les intellectuels. Il ne lui manque plus, pour avoir droit à tous les éloges du chansonnier Jacques Cailly, que de répondre à cette gracieuse invite :

Billot, mon vieux, faut f... t' dedans
Tout' cett' band' d' crapul' et d' vaches.

Aux chansons succèdent les chansons :

Voici *La Gueule à Zola, grand duo chanté par Zola et Dreyfus au Casino de l'Ile du Diable* où une image parlante montre Zola, se disposant à franchir le pont des Arts, émerveillé par la vue du derrière à la Mouquette mis sous... feuille de vigne*[1]*. — Voici *Le Châtiment, Zola en débâcle sous un coup d'assommoir, peinture authentique et prophétique, en couleurs empruntées à la*

---

1. Pour ceux qui collectionnent les chansons et placards populaires, il faut noter que cette image suggestive a servi à trois publications différentes: 1° Sur papier jaune : *La Gueule à Zola*, avec, au milieu, comme texte, *Le Suicide de Dreyfus à l'Ile du Diable;* 2° Sur papier blanc: *La Gueule à Zola*, avec, au milieu, le catalogue de la maison Hayard ; 3° Sur papier blanc: *Le Verdict*.

Titre de la chanson populaire : *Lerée de cannes. Conspuez Zola*
(Léon Hayard, éditeur).

LITTÉRATURE ET IMAGERIE POPULAIRES

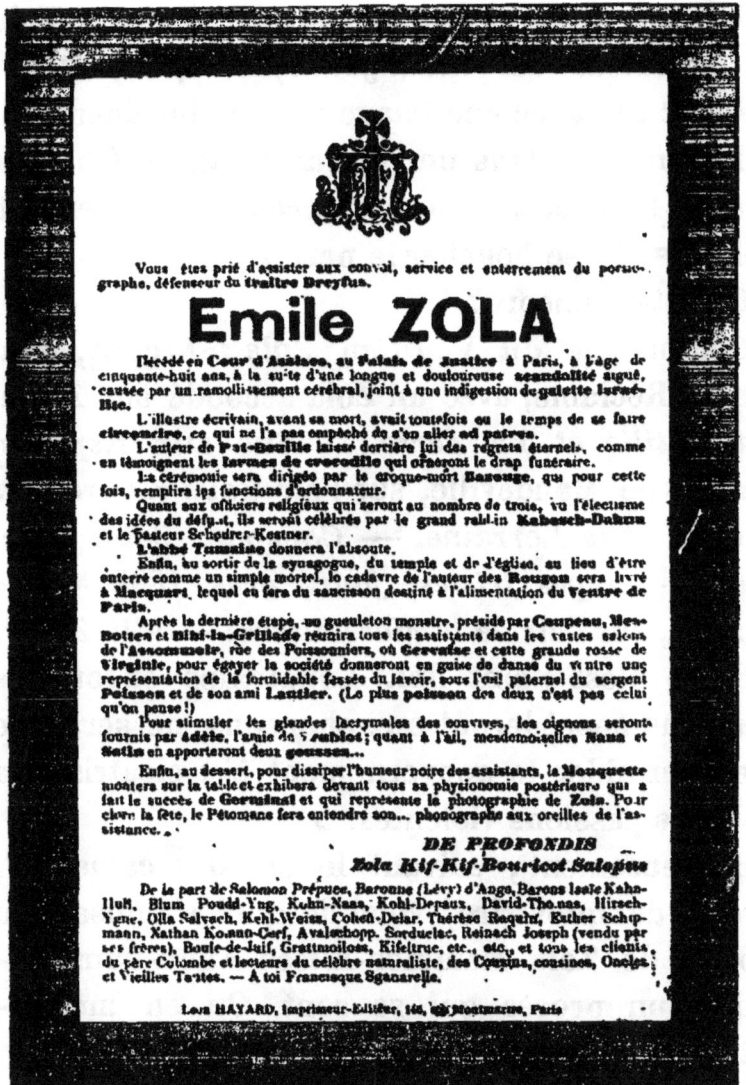

Reproduction fac-similé de la lettre mortuaire-farce annonçant le décès en Cour d'assises d'Émile Zola.

Ce canard, qui fut imprimé et colporté avant le jugement du tribunal, se compose de deux feuilles. La seconde feuille donne le Testament d'Émile Zola, rédigé, est-il besoin de le dire, dans le même style.

palette de Zola, par le patriote O'Méga. — Voici *Le Syndicat des Vidangeurs*, *Youpin*, *Mouscaille et C*ⁱᵉ; avec une image non moins documentaire (une tête dans un vase de nuit). — Oh ! oui, devant tout cela « les Français se contentent, railleurs, de se boucher le nez. »

Qu'est-ce encore?

Complainte du Vénitien Zola; *Argent*, *Académie*, *Réclame*, avec un Zola accoudé sur *Nana*, *Pot-Bouille* et *La Terre*. — *Sus aux Espions*, paroles de Maudeville, sur l'air *Vous n'aurez pas l'Alsace et la Lorraine*. — *Conspuez Zola*. *Conspuez* — *Crêpes tristes, jours gras 1898* — *Le Verdict*, sur l'air de la *Mère Michel* — *V'là Zola*[1].

Et ce n'est point fini. Longtemps encore les chansons succèderont aux chansons, ne serait-ce que pour aider le gouvernement à « cicatriser la plaie des passions violentes. »

Heureusement, suivant le cri des camelots, « voici de quoi rire, voici de quoi s'amuser : le Procès de Zola Mammès-Élisée-Rufin-Damiens-Émile, un procès qui se sent. On en mangerait. »

Toujours l'attirance cambronesque, le nom étant cette fois formé par les lettres capitales des prénoms.

---

1. Toutes ces chansons, sauf la dernière, ont été publiées par Léon Hayard.

Voici les lettres mortuaires et testaments *des deux copains* — lisez Émile Zola et Alfred Dreyfus — les fameuses lettres de part qui ne trompent plus personne aujourd'hui, et les télégrammes-farce, et les petites pièces que l'on tire, que l'on tourne, que l'on ouvre, telle *Zola Mou-*

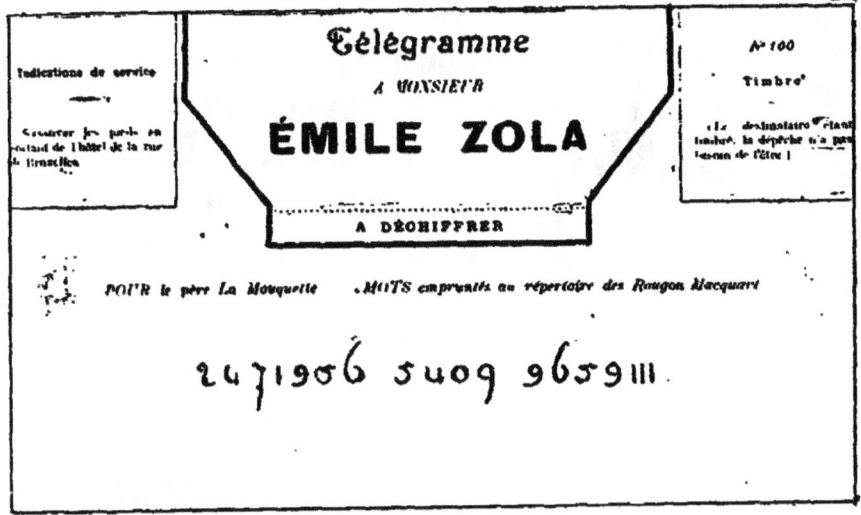

Télégramme sur papier bleu, jouant au télégramme chiffré. La clef consiste à retourner le papier et à regarder les chiffres au travers. On lit alors — ce qui n'est plus une nouveauté, vraiment — le mot de Cambronne.
(Léon Hayard, éditeur.)

quette, le fondement de l'affaire Dreyfus, un fondement vieux comme le monde, qui permit de fesser bien des politiciens en 1848, et qui permet à Zola d'offrir « son cœur à Dreyfus. » Tel encore *Où est Zola?* une question. Tel surtout *Zola dans la me...lasse*.

Reproduction réduite.
(1ᵉʳ mouvement.)

Ça c'est le triomphe. Avec quel bonheur, par les mains du tourlourou, le fait-on plonger et replonger dans le tonneau de vidange.

Sur ce terrain, la rancune des politiciens égale la joie des enfants.

Une! deusse! Ah! si seulement, on pouvait l'y laisser, l'y faire tomber jusqu'au fond.

Et à nouveau, pour chauffer l'enthousiasme, le placard vient à la rescousse. C'est *Le dernier cri de l'affaire Dreyfus, Zola à Charenton, Rochefort à Sainte-Pélagie* — Zola avec une chauve-souris au-dessus de la tête — et enfin, pour que rien ne manque à l'infamie, le

Reproduction réduite.
(2ᵉ mouvement.)

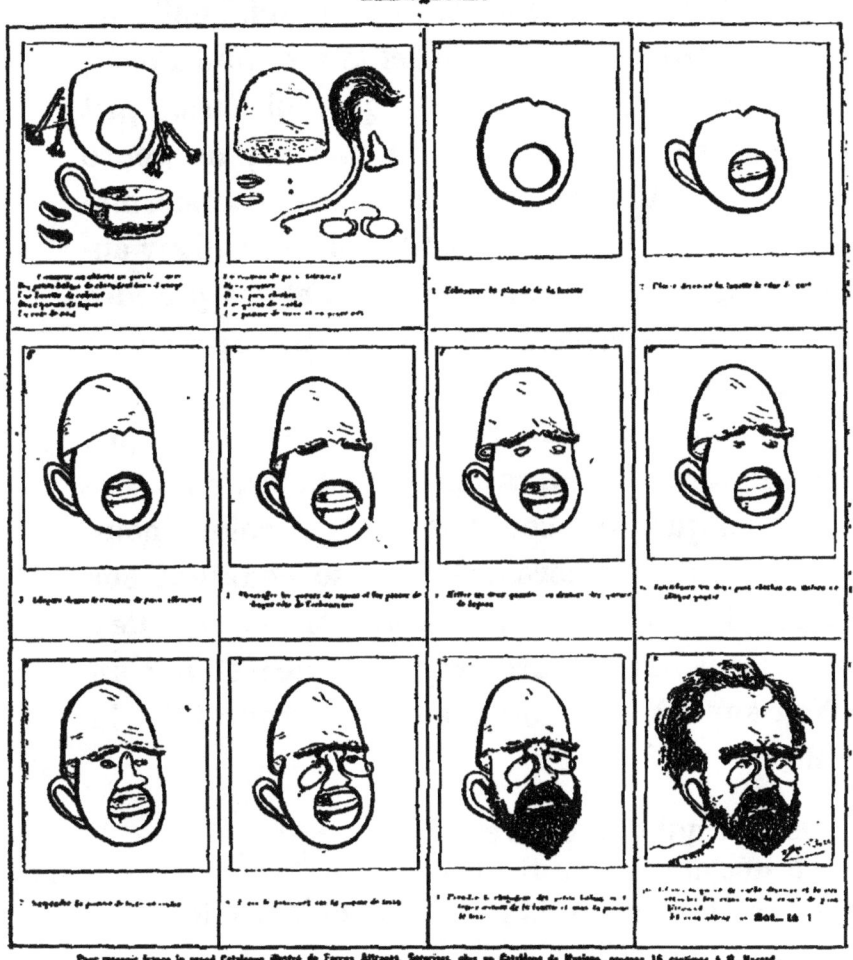

PLACARD POPULAIRE COLPORTÉ DANS LES RUES

Pour mieux allécher le client, certains crieurs ne craignent pas d'ajouter : *par Caran d'Ache.* Ce fait doit être enregistré.

portrait du grand écrivain accolé au portrait de Dreyfus, avec cette légende significative : *A bas les Juifs ! A bas les traîtres !*

C'est encore — très certainement la plus amusante de toutes ces images, la plus spirituelle de toutes ces trouvailles, — *L'art et la manière d'obtenir la gueule à Zola;* un genre qui, lui aussi, prit naissance sous la période boulangiste; un genre appartenant à l'école graphique des transformations — et, comme il ne faut jamais négliger aucune actualité, le *Programme officiel des grandes fêtes du Carnaval,* avec le départ des Youpins à l'île du Diable.

Et puisque tout finit par des chansons, ce qui, ici, on le reconnaîtra, est, pour le moins, en situation ; voici quelques couplets de la dernière nouveauté, de la dernière création se chantant sur l'air de : *A Ménilmontant,* — *Zola, ferme ta boîte ! T'as assez vendu !* — avec vignette suggestive : un cochon sur une brouette, en route pour l'île du Diable :

> On sait qu' t' ador's le potin,
> La Réclam' et son tin-tin
> Qu' ça t' vienn' d' la gauche ou d' la droite;
>   Ferm' ta boîte !
>
> T"aim's aussi la bonne galette,
> Mais celui qu' t'as défendu
> N'a pas fait un' bonne emplette.

PROGRAMME OFFICIEL des
GRANDES FÊTES DU CARNAVAL
ITINÉRAIRE, ORDRE ET MARCHE DU CORTÈGE

Le départ des Youpins à l'île du Diable

Ordre et Marche du Cortège

 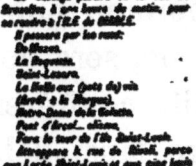 

MASQUES ET BINETTES DU SYNDICAT CRÉÉS PAR LA MOUQUETTE

  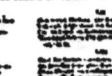 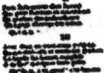 

PLACARD POPULAIRE CRIÉ DANS LES RUES LA VEILLE DU
MARDI-GRAS DE 1898 (21 FÉVRIER)

(Léon Hayard, éditeur.)

Maintenant qu' t'es rich' comme Crésus
N' viens pas la fair' au Jésus :
Ne prêch' pas d' ta voix bénite ;
    Ferm' ta boîte !

De l'innocence de tout traître
Tu restes l' seul convaincu ;
Au fond t'en rigol's peut-être ;
    T'as assez vendu !
    Tu n'est qu'un vendu !

Comment finira tout cela ! Comment finira l'affaire Dreyfus ! Le même placard nous l'apprend : par *la fin du monde... juif.*

N'étant, pour ma part, ni juif, ni israëlite, je ne m'y oppose point.

Bref, ce que cette campagne a permis de constater, c'est que le gros de l'opinion publique est contre Zola et, plus que jamais, sera contre lui ; c'est que ses excellents petits confrères se réjouissent déjà à l'idée d'être ainsi débarrassés d'un collègue trop encombrant ; c'est que les gens du monde sont heureux de rompre avec quelqu'un qui ne leur fut jamais sympathique et qui ne s'était imposé à eux que par la force de son talent.

Les affaires ne vont pas ; le pays est las des politiciens. C'est la faute à Zola.

Tout est en suspens ; tout a subi une baisse :

les recettes des lieux de plaisir tout comme le nombre des décès. C'est la faute à Zola!

Bah! d'autres ont connu cela et ne s'en sont pas plus mal portés.

Bientôt, sans doute, sur les places publiques, dans chaque quartier, on établira des fours crématoires pour que les honnêtes bourgeois puissent venir y apporter les œuvres de l'Infâme.

Bah! d'autres virent leurs œuvres brûlées ou lacérées par les mains du bourreau.

Et ces autres s'appelaient Voltaire et Rousseau. Des rien du tout, de pauvres intellectuels qui, eux aussi, firent reculer la France de cent ans!

II

On n'est jamais compris des siens : ou plutôt ce qui ressort clairement de toutes ces violences, de tout ce débordement de passions et de haines, c'est que, de plus en plus, une scission profonde est en train de se faire entre les hommes de pensée, de science, d'étude, et les hommes d'action et de politique au jour le jour. Fatalement la France républicaine ayant écarté de la direction des affaires les Intelligences, devait arriver à cette scission, écueil inévitable de toutes les démocraties livrées aux politiciens de métier et de profession. Fatalement aussi l'aristocratie d'argent, la pire de toutes, devait nous conduire à cet état de choses, et Zola se trouve être une des premières victimes. Je m'explique.

Conspué à Paris, traîné dans la vidange, il se voit porté au pinacle par l'étranger. Nouvel argument contre lui; nouvelle occasion pour les *chauvins* à esprit étroit, pour ceux qui ont juré sa mort, de le perdre à jamais dans l'esprit public. Ce filet de La Patrie est concluant, ainsi qu'on va le voir :

FÉLICITATIONS DE L'ÉTRANGER

« Si les félicitations de l'étranger ont pour M. Zola le prix qu'il semble y attacher, l'auteur de *Nana* doit être satisfait.

« Indépendamment des milliers de lettres qui lui sont parvenues, M. Émile Zola a reçu, au palais seulement, plus de 1,500 télégrammes venant pour la plupart d'Allemagne, d'Autriche ou d'Italie. L'une de ces dépêches contenait *dix-sept mille mots !* et venait de Vienne. Il est vrai que, dans le nombre énorme de ces mots, il y avait plusieurs milliers de signatures!

« L'étranger a, en effet, autant d'intérêt à entretenir des espions qui le renseignent et nous trahissent, que la France à les découvrir et à les châtier. Aussi lorsque notre pays peut mettre la main sur un de ces misérables et qu'il le relègue à l'île du Diable, les étrangers se sentent atteints et ne cachent peut-être pas assez la déception qu'ils éprouvent. »

Or, les rédacteurs de *La Patrie* le savent fort bien. En envoyant à Zola dépêches sur dépêches, félicitations sur félicitations, c'est à l'homme courageux, à l'écrivain puissant que les étrangers s'adressent, à celui qu'ils suivent, qu'ils apprécient, qu'ils estiment depuis longtemps ; non point à un citoyen quelconque insurgé contre l'opinion publique de son pays, accablé par les siens d'injures et, de ce fait, leur devenant cher, donnant satisfaction à leurs rancunes.

Zola comme la plupart, que dis-je ! comme tous les écrivains français, romanciers ou historiens — il faut bien l'avouer, puisque c'est là la plaie, la cause de tout le mal — se trouve écrire en français pour l'étranger surtout, pour les peuples qui nous entourent, avides de tout connaître, de tout apprendre, de tout lire, estimant qu'en notre siècle de vapeur et d'électricité les hommes ne peuvent plus vivre cantonnés en un petit coin. Entre l'écrivain et ses milliers de lecteurs inconnus, éparpillés sur toutes les parties du globe, se créent certaines affinités instinctives qui, le moment venu, éclatent au grand jour. Pour Zola, le procès Dreyfus a été l'acte qui a fait éclore ces sympathies cachées. Et voilà toute la raison de ces soi-disant félicitations transformées, malhonnêtement, en des encouragements donnés par la Triplice à un mauvais Français, à « l'insulteur de notre armée. »

Conspué à Paris, félicité à l'étranger, il était tout naturel qu'à l'imagerie insultante, œuvre de ses concitoyens, répondit, au dehors, une imagerie approbative, et que tout ce qui s'appelle l'article de Paris, quoi que fabriqué en grande partie à Berlin — faut-il aussi l'apprendre à nos *chauvins* ridicules — s'empara de ses traits pour le faire non pas Dieu, table ou cuvette, mais bien pour le transformer en carte à jouer, en couteau à papier, en bagues de cigares, en verres, en mouchoirs, en ces multiples objets que nous avons vu, chaque fois, apparaître avec les figures du jour.

Tout vice vient d'ânerie, a dit Montaigne, un Français comme il nous en faudrait quelques-uns aujourd'hui : c'est donc sur le compte de l'ignorance que je mettrai l'entrefilet suivant, également paru dans *La Patrie* :

LES ALLEMANDS ET ZOLA

« Il s'édite à Berlin une carte postale avec le portrait de M. Zola, que nous avons eu entre les mains.

« C'est pour un Français la suprême honte.

« Nous avons déjà dit qu'un éditeur de Milan avait, lui aussi, mis en circulation une « cartolina postale » reproduisant les traits médiocrement enchanteurs de ce livre infâme : *La débâcle*, qui n'est qu'une longue diffamation contre ces héroïques combattants de 1870 que l'on a appelé les « soldats du désespoir ».

« Zola comme, on le voit, est très populaire... aux pays de la Triple-Alliance. »

Ah ! ça, voyons, rêvons-nous ?

Ces cartes-postales — ce sont celles ici reproduites — qui, suivant le dire de *La Patrie, sont pour un Français la suprême honte*; elles ont po-

CARTE-POSTALE ITALIENNE ÉDITÉE A MILAN
(D'après l'original en couleurs.)

Cette carte a été tirée avec adresses en trois l[angues], façon à pouvoir circuler librement en France, en Allemagne.

pularisé, elles popularisent encore tous les jours, à l'étranger, les traits de nos grands hommes et même de nos présidents.

Ah ! ça, voyons, vous ignorez donc tout ; vous ne savez donc rien et ne voulez rien savoir. Faudra-t-il

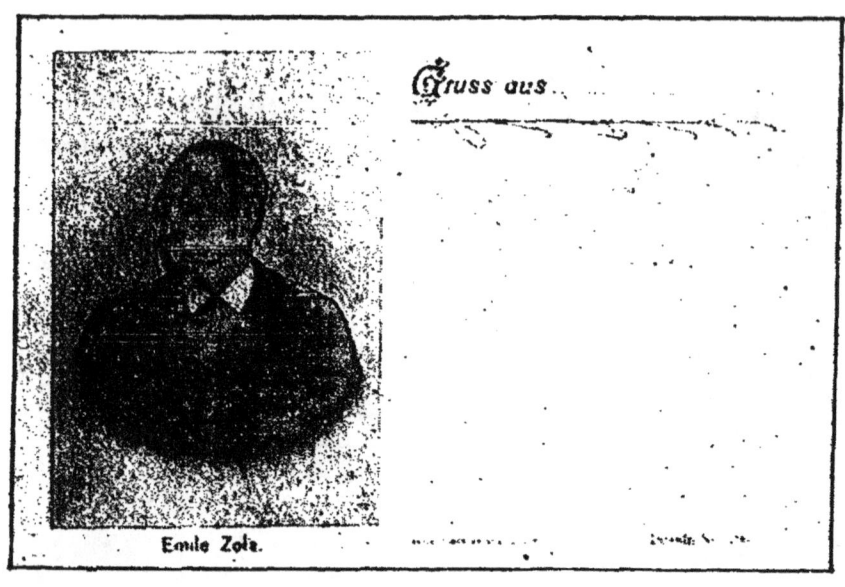

CARTE POSTALE ALLEMANDE ÉDITÉE A BERLIN

(Max Marcus, éditeur.)

encore vous apprendre que, sous forme de timbres, tous nos rois, tous nos grands hommes, tous nos héros, depuis Jeanne d'Arc, circulent dans l'Allemagne entière, mis en vente par un éditeur de Berlin. Hommage public rendu à la France, aux

Français, comme à toutes les autres nations, du reste. Et c'est cela que, dans votre haine stupide, vous appelez la suprême honte.

CARTE POSTALE ALLEMANDE ÉGALEMENT ÉDITÉE A BERLIN

(Max Marcus.)

* Il existe encore d'autres cartes postales publiées par un imprimeur-éditeur de Francfort, H. J. Dauth. Elles sont au nombre de quatre, chacune donnant un portrait différent : Zola, Scheurer-Kestner, Dreyfus. Zola existe sous deux formes, c'est-à-dire en simple buste et en buste entouré d'une couronne de verts lauriers. Ces portraits sont la reproduction de mauvaises gravures sur bois publiées dans les journaux.

Suprême honte! Mais Carnot a figuré sur ces

cartes postales, mais Félix Faure est sur ces timbres, aux côtés des Rois et des Empereurs comme en Suisse, en Allemagne, en Italie, il est sur les enveloppes des tablettes de chocolat.

Donc, si une chose peut nous froisser, c'est non pas de voir l'étranger éditer des cartes postales avec le portrait de Zola — puisque c'est, chez lui, chose habituelle, d'usage constant — mais bien de le voir s'élever violemment contre l'opinion publique française, dans une affaire considérée par nous comme purement nationale.

Mais les peuples subissent des courants, des impressions que rien ne peut arrêter. Ne nous sommes-nous pas tous levés pour la Pologne, malgré la Russie, contre la Russie même. Et, cependant, au point de vue strictement national, cela ne nous regardait nullement. Eh bien! les motifs qui, alors, nous faisaient agir sont ceux qui viennent de troubler si profondément l'Europe; ceux que nous ferons connaître dans le prochain chapitre.

La conclusion, elle est bien simple.

Les jurés avaient le droit de condamner Zola, citoyen français — et ils ont considéré que c'était leur devoir — mais l'écrivain, le penseur, l'intellectuel — puisqu'on a mis le mot à la mode — en communion avec le monde entier, est au-dessus de toutes les juridictions, de tous les tribunaux. Et s'il plaît à Paris de caricaturer, de chansonner, de traîner dans la mélasse l'homme dans lequel il ne voit plus que le défenseur d'un traître, l'étranger, au nom de cet internationalisme de la pensée, qui a fait la puissance du XVIII° siècle, et dont nous fûmes toujours, jusqu'en ces dernières années, les agents les plus éloquents, a le droit de populariser et de répandre sous toutes les formes le portrait de Zola, sans que ce soit une honte pour l'écrivain ou une insulte à l'égard de la France.

Méconnu en Allemagne, encensé à Paris, Heine est-il moins grand pour cela? Bafoué à Paris, porté en triomphe dans le monde entier, Zola ne perd rien de sa gloire littéraire.

Son erreur a été de croire que nous étions encore au siècle de l'Esprit et de la Pensée triomphante; que l'acte de courage d'un homme venant offrir sa poitrine aux lances ennemies lui rallierait bien des suffrages. Il a cru en sa force, en sa puissance d'expansion : il a cru qu'il lui suffirait de se montrer lui, l'homme du labeur et du travail acharné, lui vainqueur en tant de grandes batailles littéraires, lui n'ayant jamais trempé dans aucune malpropreté publique, pour retourner l'opinion du pays.

Quelle illusion fut la sienne !

Et quelle méconnaissance de notre société politicienne en laquelle l'argent a tout faussé, tout sali, tout corrompu à tel point que si Voltaire avait à défendre Calas, de nos jours, cent pamphlétaires se lèveraient pour le conspuer, pour lui jeter au visage quelque grossière injure.

4. — Et où en êtes-vous de votre cours de droit ?
— Nous en sommes à : « Conspuez Zola ! conspuez Zola ! conspuez ! »

La Chronique Amusante (27 janvier 1898.)

Toutes les précautions sont prises pour éviter les refroidissements qu'elle pourrait attraper avec son trop léger costume.
(*Pasquino*, de Turin, 15 février 1898.)

LES CARICATURES ÉTRANGÈRES

L'opinion publique européenne. — Les images des pays de la triplice au point de vue de la forme extérieure. — État particulier de ces pays. — Le mouvement libéral et antimilitaire en Europe. — Les souvenirs révolutionnaires. — Le livre de G. Ferrero : « Il militarismo ». — L'image en Angleterre et dans les pays neutres : Suisse, Belgique, Hollande, Danemark. — L'image russe.

Nombreuses, grouillantes, ouvertement hostiles ou sagement conseillères, voici les caricatures étrangères, les images satiriques venues de tous les points de l'Europe — et même d'Amérique. Et non point, comme on pourrait le croire, de simples fantaisies, des crayonnages quelconques, mais bien l'expression graphique des sentiments qui animent le monde.

Chose à retenir — car c'est le premier point, le point capital du malentendu actuel, — l'Europe s'obstine à voir une affaire d'intérêt universel, là où nous ne voyons, nous, qu'une affaire d'ordre intérieur. Si bien que, entre les bords de la Seine et les bords de la Sprée ou les bords du Danube, c'est un perpétuel, un constant échange d'aménités plus ou moins irritantes, que ces aménités s'échangent par la plume ou par le crayon.

Non-seulement contre cette presse étrangère coupable d'avoir porté à l'affaire Dreyfus un intérêt beaucoup trop grand, coupable, surtout, d'avoir soutenu la cause du condamné, on crie, on fulmine, dans un certain clan, mais encore on menace, on laisse percevoir des intentions prohibitives. La politique protectionniste, coupant tous les rapports avec le dehors par la voie des journaux; la politique qui consiste à faire les ténèbres, à tuer la discussion, à étouffer la pensée libre. Ce n'est point chose nouvelle, mais ce fut toujours chose désastreuse pour les intérêts d'un pays.

Assurément, si l'on se place au point de vue d'un nationalisme étroit, tel qu'il était conçu autrefois, chaque pays est entièrement maître chez lui, maître de ses destinées, maître de les diriger où et comme bon lui semble. La France a le droit de reviser ou de ne pas reviser un procès, sans que cela regarde en quoi que ce soit l'Europe. Il n'y a pas de tribunal international auquel puissent, en certains cas, recourir les condamnés. Sur ce point, la souveraineté des États est pleine et entière, la France est aux Français comme l'Allemagne est aux Allemands. Mais, en réalité, dans la pratique, veux-je dire, cette souveraineté n'existe plus que théoriquement. Depuis les chemins de fer, depuis les grandes découvertes scientifiques, tous les pays se pénètrent plus étroitement les uns les autres ; les idées vont, viennent, circulent, modifient les mœurs, l'Allemagne se francise, la France se germanise. La France peut interdire l'entrée de son territoire à tous les journaux venant du dehors, mais si jamais elle recourait, à nouveau, au moyen jadis employé par Napoléon, elle se condamnerait aux yeux de l'opinion publique européenne.

« L'opinion publique européenne ! », allez vous dire, « il existe donc encore une Europe. » Oui, certainement, et c'est cette Europe qui, par le crayon, comme par la plume, est en train, partout, de faire entendre sa voix ; c'est cette Europe qui s'anime, se passionne, ne cachant plus ses sentiments, montrant sa satisfaction ou sa tristesse, suivant qu'elle est contre ou pour la France, suivant qu'elle voit en nous l'ennemie héréditaire du despotisme ou la grande émancipatrice de l'esprit humain.

Aveugles ceux qui n'aperçoivent point cela ; criminels ceux qui faussent l'esprit du peuple en développant, en excitant un chauvinisme de mauvais aloi, un mandarinat de clocher, qui tendent à faire de nous, au milieu de l'Europe, toujours plus cosmopolite, un peuple de Chinois, se murant, se cloîtrant, fermant les yeux pour ne point voir la lumière, se bouchant les oreilles pour ne plus rien entendre.

Le protectionnisme de la pensée après le protectionnisme des intérêts. Et cela se conçoit : qui dit libre-échange des marchandises, des rapports d'affaires et d'industrie, dit, en même temps, libre échange des idées, des intérêts intellectuels et moraux. Ici, la fermeture, le bouclage : là, la libre expansion.

« Rien ne devrait mieux éclairer les Français sur le caractère véritable de la machination dreyfusiste, que les félicitations adressées aux organisateurs de ce scandale par les adversaires acharnés de la France », dit un des organes attitrés de ce nouvel empire de la Chine, tandis qu'un autre réplique : « L'Europe ! est-ce que nous nous occupons d'elle ? Qu'elle nous laisse donc en repos. Est-ce que nous donnons des conseils aux autres ; est-ce que nous venons prendre parti dans leurs querelles ? Est-ce que les étrangers qui, chez eux, jugent à huis clos, et parfois même exécutent sans jugement, les espions et les traîtres, permettraient que nous élevions la voix contre les arrêts de leurs tribunaux, au nom soi-disant des intérêts supérieurs de l'humanité? »

Toujours le vieux dicton : charbonnier est maître chez lui. De prime abord, cela séduit, cela paraît d'une logique serrée. Quand on y regarde de plus près, cela pêche par la base.

D'abord, par principe, tous les étrangers ne sont pas ennemis nés, adversaires acharnés de la France — ensuite si, repliés sur nous-mêmes depuis 1870, et beaucoup trop, parce que nous nous sommes ridiculement exagérés les conséquences d'une défaite militaire, nous ne nous occupons plus de l'extérieur, il ne faut pas oublier, qu'autrefois, nous avons bouleversé l'Europe de fond en comble, que nous l'avons imprégnée de notre esprit, de nos mœurs, que nous lui avons fait partager notre bonne et notre mauvaise fortune, que nous lui avons donné l'espérance, la liberté, avant de lui imposer le joug du despotisme impérial, si bien que, quoiqu'il arrive, l'Europe, depuis ce moment, ne cesse de regarder vers la France, attendant d'elle, aujourd'hui comme autrefois, le signal des idées émancipatrices destinées à modifier à nouveau la physionomie du monde.

Cette Europe, notre œuvre, notre création, elle

n'a pas oublié ce qu'elle nous devait et en ce moment, plus que jamais, elle a les bras tendus vers nous ; parce qu'elle est profondément agitée ; parce que, succombant sous le poids du déficit financier et des charges toujours plus lourdes du militarisme, elle sent que l'état actuel ne peut plus durer, qu'il faut en finir avec les errements du passé, que quelque chose se passe actuellement sur les bords de la Seine qui, en d'autres temps, ne serait qu'un simple fait divers, et qui, en ce moment, peut être le signal d'une rénovation universelle.

Cette Europe formée par nous ne peut détourner son attention du *Peuple Soleil*, suivant la belle expression de Victor Hugo. « Tout ce qui se fait chez vous, se fait pour l'humanité, nous disent les Italiens, les Allemands, les Russes, les Scandinaves. » De petits pays, comme la Roumanie, oublient leurs propres malheurs pour songer à nos souffrances et prendre part dans nos querelles, nos passions, nos haines. Elle-même l'Espagne, la pauvre et noble Espagne, divisée, affaiblie, morcelée, combattant avec héroïsme pour la défense de son intégrité nationale, trouve le moyen de penser à nous, de nous envoyer quelques marques de sympathie. Comment démontrer de façon plus concluante la place toujours considérable occupée en Europe par la

France « cœur vivant de l'humanité ! » Tout pays serait fier de cette situation privilégiée : tout pays ainsi devenu l'objet de l'attention universelle, en lui-même se dirait : « L'Europe a les yeux sur moi ; je ne dois pas faiblir, je dois songer à ceux qui attendent, à ceux qui espèrent. » Au lieu de cela, blessée, froissée dans son amour-propre, énervée, exaspérée sous l'influence de certaines excitations malsaines, la France boude, la France se replie, se retire sous sa tente et voit une conspiration de l'Europe contre elle, de l'Europe enrégimentée sous les ordres de la Triplice.

Cela touche à la démence. Puisqu'il faut proclamer la vérité méconnue, faire la lumière étouffée par une presse d'esprit étroit, rétablissons les faits.

Assurément à Berlin, à Vienne, à Turin, à Bruxelles même, si l'on veut, il est des gens enchantés de nos querelles intestines, heureux de voir la France affaiblie, divisée, au moment même où l'Europe attentive a les yeux fixés sur elle ; assurément tout ce qui vient des pays de la Triplice, peut être sujet à caution, quoique les conconditions soient bien changées depuis quelques années, quoique les vieux clichés aient bien perdu de leur intensité. Mais enfin, c'est l'Allemagne et ses alliés ; politiquement parlant, c'est l'ennemi. Donc il faut s'expliquer.

L'Allemagne! elle a été, en cette circonstance, — je parle de la caricature — d'une modération inouïe, d'une réserve peu habituelle. Durant ces mois troublés, durant la quinzaine fiévreuse, le *Kladderadatsch* n'a pas bronché : une seule image pour enregistrer le verdict et c'est tout — nous sommes loin de la *furor teutonicus* de 1870. — A peine dix caricatures, du nord au midi, dans un pays où la presse à images est nombreuse, importante ; je ne crois pas qu'on puisse appeler cela un déluge d'insultes graphiques. Il est vrai qu'on y glorifie Zola et qu'on y loge Rochefort à Charenton, mais d'autres qui furent de bons et de loyaux Français n'avaient point attendu un dessin des bords de la Sprée pour émettre des appréciations absolument similaires. Par contre — ceci est à noter — le *Kladderadatsch*, le vieux lutteur des journées de mars 1848, se voit, en la personne de son directeur Trojan, condamné à deux mois de prison pour s'être permis d'apprécier de façon quelque peu satirique la fameuse déclaration de Guillaume II « que les bons chrétiens seuls pouvaient être de bons soldats » ; pour avoir, par le crayon, représenté les héros des temps anciens et des temps modernes, Alexandre le Grand, Frédéric le Grand, Napoléon Ier, riant aux éclats de cette bizarre trouvaille. Voici donc l'empereur d'Allemagne et Drumont rangés sous le même drapeau, ce qui devrait être l'acte de décès de l'antisémitisme, si l'on se piquait encore quelque peu de logique en France.

L'Autriche, elle, a fait flèche de tous ses crayons, mais en considérant l'affaire Dreyfus au point de vue où toutes les questions, intérieures ou extérieures, sont appréciées par elle, c'est-à-dire pour ou contre les Juifs. Ici, les organes allemands antisémites, à tendances libérales, populaires jusque chez nous, le très spirituel *Kikeriki*, le très artistique *Figaro;* — là, les organes à tendances diverses, mais sémites de direction, qui se firent remarquer, jadis, par leur acharnement contre Wagner pour la même raison qu'ils sont, aujourd'hui, pour Zola. Des deux côtés, du reste, on n'est pas d'une tendresse excessive pour nos généraux. A Vienne et à Budapest, la République Française n'est pas positivement considérée comme une grande dame, et facilement on l'incarne en Nana. La faute à Zola, me direz-vous! Hélas non! la faute à elle-même[1]. Les Nana furent de tout temps, et si pres-

---

1. Puisqu'on accuse toujours les écrivains et Zola, particulièrement, de corrompre les masses, qu'on me permette un exemple concluant.

Depuis plus de vingt ans, tous les pays qui nous entourent avaient des cartes postales illustrées. Seule la France que partout., mais surtout en Autriche et en Italie, les crayons avec un touchant accord font de notre Patrie la cocotte fin de siècle, ce qu'ils veulent exprimer par là, c'est l'affaissement de nos mœurs et la facilité avec laquelle la République passe des uns aux autres.

Reste l'Italie jouant facilement à la grande dame comme la très aristocratique Autriche, l'Italie qui trop facilement se donne toutes les qualités, se prête toutes les vertus. Désir quelque peu ambitieux d'être au premier rang ; crainte constante d'une réaction cléricale venant de France ; telles sont les deux raisons éternelles qui, en principe, l'arment contre nous. Ajoutez à cela de vieilles haines, certaines antipathies encore mal éteintes, et vous aurez l'explication de ces dessins en lesquels se laisse percevoir, quelquefois, je ne sais quel machiavélique contentement.

Voilà pour la forme ; — voilà, pour répondre, tout au moins, à ceux qui, jugeant superficielle-

---

n'en possédait pas. Il a fallu la visite des souverains russes, en 1896, pour nous donner la « cartoline à images ». D'abord ce furent des vues de Paris ; aujourd'hui ce ne sont plus que jambes en l'air et filles de tous les moulins. Voilà tout ce qu'a trouvé la grande capitale pour porter à l'étranger son renom et ses gloires. Je ne sais, — mais ces images circulant à tous les vents me semblent autrement dangereuses que les romans, même de Zola, qui ne peuvent être lus sans ouverture préalable.

ment, croient voir toujours dans les dessins et dans les articles du dehors des attaques de la Triple-Alliance.

Mais en ces trois pays mêmes, il se passe, à l'heure actuelle, bien autre chose, et c'est cela qu'il importe de faire connaître, pour que les gens de bonne foi puissent se prononcer en pleine connaissance de cause.

En Allemagne, en Autriche, en Italie, gronde un formidable mouvement libéral; un mouvement dirigé contre la guerre, contre l'esprit de conquête. Que les organes à caricatures socialistes, à Berlin, à Munich, à Vienne, à Rome, déclarent comme l'*Asino* que le procès Zola est « le procès du jésuitisme et des pharisiens de la justice, » cela n'a rien qui doive nous surprendre, mais que les organes de la bourgeoisie se remplissent de poésies à l'adresse de la France, « terre de liberté et de justice », qu'ils célèbrent en notre lieu et place, le cinquantenaire du 23 février 1848 « aujourd'hui tombé dans l'oubli chez nous, « qu'ils comparent la France d'il y a un demi-siècle avec la France d'aujourd'hui applaudissant à la condamnation de Zola; qu'ils se préparent à fêter — Allemands et Autrichiens s'entend — les journées de mars 1848; c'est une autre affaire.

Poursuivons plus avant; pénétrons au cœur de

la question. Souvenirs de la Révolution, souvenirs de 1830, souvenirs de 1848 ; il semble que tout cela revive dans l'Europe entière au moment où va prendre fin notre siècle, — et autre chose encore, le souvenir des cours martiales, des conseils de guerre qui, sous la domination de Napoléon Ier, firent tomber en Italie, en Allemagne, en Espagne tant d'êtres humains coupables d'avoir voulu défendre l'indépendance de leur patrie. Partout, à propos du procès Dreyfus, ces questions ont été soulevées ; partout de consciencieuses études sont venues rappeler que les tribunaux militaires de la Révolution n'étaient, en quelque sorte, que des *sections ambulantes* du tribunal révolutionnaire, appelés *militaires* parce qu'ils suivaient l'armée. Partout on a établi que les conseils de guerre avec leurs jugements à huis clos étaient une institution napoléonienne, puisqu'à Rome même *la commission militaire* qui tenait lieu de tribunal révolutionnaire rendait ses sentences, durant l'occupation française, *in sessione publica.*

Ce qu'on attendait donc de la France, en un pareil moment, vous l'avez compris, mais la France s'est bandé les yeux, s'est bouché les oreilles, et, lasse aussi peut-être, de se toujours dévouer pour les autres, n'a voulu voir que ce qui l'intéressait pour l'instant, le procès d'un traître *justement condamné* — ou d'un officier maladroit victime de ses propres insuccès. Elle n'a pas compris que ce que l'Europe espérait, appelait, c'était la condamnation définitive du huis clos, condamnation qui aurait eu, partout, la plus grand retentissement, qui aurait influé profondément sur l'esprit public allemand au moment même où l'Allemagne revise son code militaire [1], au moment même où les sociétés de la paix agissent avec plus d'autorité que jamais auprès des gouvernements, grâce à l'infatigable ardeur de la baronne de Suttner et des femmes dévouées qui,

1. Les renseignements les plus contradictoires, les plus erronés ayant été publiés par les journaux quotidiens sur les conseils de guerre allemands, il n'est pas sans intérêt de faire la lumière à ce sujet :

« En Allemagne, la magistrature militaire est exercée, non par des officiers désignés au hasard de l'ancienneté ou au caprice d'un grand chef, mais par un corps spécial, l'*auditoriat*. Les *auditors* sont des magistrats recrutés, comme les magistats civils, parmi les docteurs en droit ayant passé l' « examen d'État » ; on trouve aussi parmi eux quelques anciens officiers ayant subi les mêmes épreuves professionnelles. Ils sont assimilés aux officiers et ont leur hiérarchie propre. En campagne, ils accompagnent l'armée, où ils constituent des tribunaux permanents, de sorte que, même en temps de guerre, la justice est rendue par un personnel expérimenté, et non par des cours martiales.

« On conçoit qu'une institution de ce genre assure à l'accusé des garanties relatives ; j'entends par là celles de ces garanties qui touchent à la compétence. »

de toutes parts, sont venues lui apporter un précieux concours ; — au moment même, enfin, où paraît en Italie un volume remarquable, *Il Militarismo*, de Guglielmo Ferrero, qui est le procès le plus éloquent fait à l'ancien esprit militaire et qu'il faudrait souhaiter voir bientôt dans toutes les mains, traduit dans toutes les langues.

Paix et guerre à la fin du XIXe siècle, vie sociale sous la civilisation militaire, décadence et ruine des empires militaires, Napoléon et napoléonisme, militarisme et césarisme en France, militarismes italien, anglais, allemand ; autant de graves questions étudiées avec une rare hauteur de vues.

Tout ce que pense à notre sujet, dans son volume, Guglielmo Ferrero, c'est ce que ne cessent de traduire les crayons de l'Europe entière, monarchique ou démocratique..... Que nous sommes, par excellence, le pays des surprises et des énigmes ; que la base de notre état social est encore le militarisme et le césarisme parlementaire, que, empereur en moins, rien n'a été changé chez nous depuis 1870, que notre erreur la plus funeste est de croire que le degré de liberté et de perfection sociale d'un peuple se mesure aux apparences démocratiques de son gouvernement, que nous sommes voués par notre fonctionnarisme à l'immobilité routinière proche de la décadence, et que c'est à notre politique militaire que l'Europe doit d'avoir le militarisme sous lequel elle succombe, en ce moment.

La conclusion — bien des fois donnée également par les crayons étrangers — est que la paix future, le désarmement universel dépend de nous bien plus que de l'Allemagne *nation militaire, mais non belliqueuse,* — militaire par l'universelle habitude d'une discipline quasi-soldatesque, aucunement belliqueuse parce que nulle part, en Europe, l'esprit bourgeois n'est aussi vivant.

Je constate, je traduis, je n'apprécie point, car certes, à cela, il y aurait bien des choses à objecter.

Non moins précieux, en ce volume, ce qui touche à l'Italie, à l'Italie créée par la France et « dont le militarisme se trouve être une des plus curieuses expériences historiques de ce siècle. » L'Italie officielle, dit-il, est sortie du Piémont, et qu'est-ce que le Piémont depuis cinquante ans, sinon une miniature de la France, un petit État militaire qui s'est appliqué à copier le mieux possible ce que la France faisait en grand. C'est par la création d'une nombreuse bureaucratie civile et militaire destinée à remplir les cadres d'une administration calquée sur celle de la France que s'est constituée et affermie la monarchie italienne et c'est en s'appuyant sur un militarisme de type français qu'elle a cherché à régner, posant en principe qu'une victoire est toujours précieuse, toujours grande, quel que soit le motif de la guerre. Aux deux types de militarisme ont donc répondu, suivant Ferrero, en Italie, la guerre d'Abyssinie ; en France, la guerre de Madagascar, mais le militarisme italien qui n'a à son actif ni long passé glorieux, ni victoires célèbres serait, à l'en croire, déjà en décadence.

Je m'arrête.

Me voici bien loin, va-t-on m'objecter, de l'affaire Dreyfus et du rôle tenu en cette circonstance par la caricature européenne. Qu'on se détrompe ! Les images des pays étrangers ; en Autriche et en Italie, pour les pays de la Triplice ; en Suisse, en Hollande, en Belgique, pour les pays neutres ; en Angleterre également, ne sont pas autre chose que l'interprétation graphique des pensées philosophiques de Ferrero.

N'est-ce pas une caricature autrichienne qui engagera Félix Faure à chasser les nouveaux Boulanger (*sic*) à coups de trique ; ne sont-ce pas des caricatures italiennes qui représenteront la magistrature française cirant les bottes à l'armée et Zola, nouveau David, lançant sa pierre à la tête de *toutes les armées*. Ne sont-ce pas des images hollandaises qui diront : « Ouvrez toutes grandes les portes de tous les conseils de guerre » — appel à l'Europe, donc, — ou qui rappelleront à la R. F. prête à s'incliner devant le sabre qu'il y a quelque chose au-dessus, la Justice.

Et c'est pourquoi le même homme que la plupart d'entre nous considèrent comme un mauvais Français, est considéré par les crayons étrangers comme l'apôtre du droit, l'archange saint Michel, un nouveau Christ, — « le grand martyr moderne », suivant la légende placée au bas d'un portrait.

Quant aux caricatures anglaises si elles sont peu nombreuses, elles n'en sont que plus significatives. Il faut rendre ux Anglais cette justice de n'être intervenus dans le débat que pour la défense des principes; jamais pour traîner dans la boue tel ou tel personnage ou pour lancer à notre adresse des insinuations malveillantes. Terre de liberté, ignorant la juridiction des conseils de guerre, n'ayant des tribunaux militaires que pour les fautes purement professionnelles, elle ne pouvait admettre le *cedant armis toga* et l'image du *Moonshine*, montrant la Liberté clouée au poteau d'exécution traduit parfaitement l'opinion publique d'outre-Manche.

S'il est un pays à institutions démocratiques, et à esprit profondément militaire, c'est assurément la Suisse. Eh bien! la Suisse défendue par une forte armée nationale n'a pas été longue à se ranger du côté de la suprématie du pouvoir civil. Seul parmi les petits États, le Danemarck nous a donné avec le *Puk*, feuille bien locale aux chromo-lithographies d'un aspect très particulier, une imagerie plutôt anti-zolaesque. Sans doute parce que les deux poëtes danois et norvégien, Drachmann, Björnson, prirent parti violemment, comme on sait, pour Zola; sans doute par raison de pure controverse littéraire. Caricatures amusantes qui viendront grossir l'iconographie personnelle du maître-écrivain.

Que dire de la Belgique? — Les dessins de la *Réforme*[1], qui, grâce au crayon de Julio, un jeune artiste d'origine autrichienne, ont une réelle allure artistique, parleront d'eux-mêmes. Faut-il voir en ces caricatures l'expression du sentiment populaire belge ou simplement les arguments graphiques d'une feuille dreyfusienne, on ne saurait le dire. Un fait certain, c'est que la majorité, en Belgique, semble être acquise aux idées que les crayons anglais et hollandais expriment avec tant d'éloquence.

La Belgique « terre dreyfusienne », ainsi que la

1. *La Réforme*, fut fondée, en 1883, par M. Émile Féron, un des promoteurs de la revision de la constitution belge. D'opinion radicale, elle est l'organe du parti progressiste sous la direction de MM. Champal et Hector Chainaye. C'est le premier journal belge qui, en 1888, ait fait une tentative de reportage graphique, reprise depuis par *Le Petit Bleu*.

qualifiait tout récemment un des nos organes satiriques! La vérité est que le *Petit Bleu* dont l'attitude fut plutôt neutre, se plaçant au point de vue du nationalisme étroit que j'invoquais en

*L'encombrement des asiles d'aliénés :
Un spécimen des ravages causés par
l'imbroglio Esterhazy-Dreyfus parmi les
lecteurs des journaux français.*

Vignette du *Petit Bleu* de Bruxelles, signée Bouvard et Pécuchet.
(15 janvier 1898.)

tête de ce chapitre, s'est élevé contre le *dreyfusisme* particulier de ses confrères :

« Il paraît, » disait-il dans un de ses numéros, — et l'on va voir pourquoi je fais cette longue citation — « qu'un groupe d'étudiants anversois a adressé à M. Zola une dépêche de félicitations au sujet de son réquisitoire général contre l'armée, la justice, l'administration françaises.

« Et un journal bruxellois qui épuise, dans son admiration pour ce réquisitoire et son auteur, tout le vocabulaire des adjectifs dithyrambiques, invite tous « les hommes libres et gens de cœur de Belgique » a *désavouer* le gouvernement français, à l'occasion du procès de M. Zola, en télégraphiant à celui-ci l'expression d'une enthousiaste sympathie le jour des débats !...

« De l'opéra-bouffe, maintenant ?...

« L'autorité, la justice, l'administration, l'opinion françaises « désavouées » par des journalistes bruxellois !!! Pourquoi pas une manifestation belge devant et contre l'Élysée ?

« Nous engageons nos compatriotes de l'île de Saint-Martin de Ré, les frères Rorique, à se faire immédiatement naturaliser Français. Que d'ardents et persistants champions ils trouveraient alors ici !... Sans doute nos troupes envahiraient-elles la France pour exiger leur libération ?... »

Voilà donc, si l'on veut, en restant sur le terrain du droit strict, la critique, la caricature de l'attitude prise vis-à-vis de nous, non seulement par l'imagerie belge, mais encore par l'imagerie et la presse de tous les États européens. Pour le *Petit Bleu*, il n'y a pas à demander à la France de se faire le champion de telles ou telles idées, il fau s'incliner avec déférence devant les sentiments qu'elle manifeste. — Eh bien! voici de quelle façon le même journal a cru devoir commenter le verdict du jury de la Seine :

Les pièces à conviction dans l'état actuel de l'affaire Dreyfus.

Vignette du *Petit Bleu* de Bruxelles, signé Bouvard et Pécuchet.
(15 janvier 1898.)

« On l'a condamné; on l'emprisonnera — et d'autres viendront.

« Et peut-être se rencontrera-t-il des jurys soumis à de moins rudes épreuves ou de tempérament plus rétif.

« Car, à la vérité, comment les membres de

celui-ci eussent-ils pu résister à la pression exercée sur eux? On les a menacés dans leurs biens, dans leur sécurité, par la publication quotidienne de leurs noms, adresses, professions, marquant ainsi leurs portes d'une croix blanche, comme à la Saint-Barthélemy, au cas de leur indocilité. M. le général de Pellieux est venu les menacer de la guerre, de l'alternative d'une boucherie où leurs fils seraient conduits s'ils n'attestaient pas leur confiance. M. le général de Boisdeffre est venu les menacer de la démission de l'état-major, c'est-à-dire, selon lui, de la « désorganisation de la défense nationale », au cas où l'on acquitterait M. Zola.

« Qu'eussent-ils pu faire, ces douze pacifiques bourgeois, sous le risque de tant d'éventuelles catastrophes, sous le coup de si formidables responsabilités?

« Il eût fallu qu'ils fussent des héros! Ah! ce n'étaient que des hommes! Ils ont naturellement fléchi. »

Pour cette simple appréciation bien inoffensive, le *Petit Bleu* s'est vu traiter par nos énergumènes d'organe *dreyfusard*. A quoi bon alors garder une sage neutralité? Et que faut-il penser d'une presse arrivée à un tel degré d'aberration?

Glissons. De Belgique passons en Russie où les journaux à caricatures s'amusent à remplir leurs colonnes de pensées charivaresques sur le procès lui-même. Et devant les images ici reproduites on verra que l'enthousiasme anti-dreyfusien de nos alliés a été passablement froid. Assez de Panamas! Assez d'affaires Arton! Assez d'affaire Dreyfus! Tel est leur cri et vraiment on ne peut que les approuver, mais entre la bouteille à encre du journal belge et le nœud gordien du journal russe il y a plus de rapport qu'on ne le croirait à première vue.

Blanchir ceux qui sont tombés dans l'encrier, ou résoudre l'inextricable question du nœud gordien, n'est-ce pas une égale impossibilité?

La Russie, elle, se place au point de vue purement français. Eh bien! voici de quelle façon *Le Chout*, organe illustré franco-russe, apprécia, en style télégraphique, les grandes journées du procès.

« Groupe témoins officiers défile sans mot dire, invoquant secret d'État.

« Groupe experts reste muet. Font comprendre par gestes que ne peuvent violer secrets professionnels.

« Autre témoins refusent répondre, secret de famille. »

Je ne pense pas que ce soit là donner à l'affaire un appui bien considérable.

De tout cela que faut-il conclure :

Que la France renonce à son rôle de *Nation-*

Phare et entend rester maîtresse de régler ses affaires intérieures; qu'elle est fatiguée, désillusionnée, toujours à cause de la malheureuse défaite de 1870 et que les grands principes ne font plus rien vibrer en elle.

C'est pourquoi, en dehors des journaux antisémites viennois, et du *Puck* de Copenhague, tous les étrangers européens se sont, cette fois, tournés contre elle, — amis comme ennemis.

Cela ne prouve rien; elle peut ne pas s'en inquiéter : mon devoir était de le signaler.

Et si la Vérité triomphe, réduisant à néant la puissance néfaste de l'argent, suivant l'image du *Kikeriki*, tout sera pour le mieux.

— Vous ne voulez cependant pas conclure que je suis un espion?
— Assurément non, mon cher, mais je pense que vous seriez tout à fait apte à remplir un poste d'attaché militaire.

(D*er* *Floh*, de Vienne, décembre 1897).

CARICATURES FRANÇAISES

PANNEAUX DÉCORATIFS POUR UN PALAIS DE JUSTICE
La Vérité : I. Autrefois. II. Aujourd'hui.

(*Le Rire.*)

N.-B. — *Les notes placées par l'auteur au-dessous de chaque image, sont précédées d'une astérisque.*

Croquis de Forain (*Le Figaro*, 18 novembre 1897).

Croquis de Forain (*Le Figaro*, 2 décembre 1897).

DOUX PAYS

— Mon cher, vous n'empêcherez jamais de dire d'un homme condamné à huis clos : il est peut-être innocent. Et de même s'il est acquitté, il était peut-être coupable.

Croquis de Forain (*Le Figaro*, 4 novembre 1897).

Croquis de Forain (*Le Figaro*, 9 décembre 1897).

UN DINER EN FAMILLE

(Paris, ce 13 février 1898)

par Caran d'Ache

— Surtout ! ne parlons pas de l'affaire Dreyfus !

— Ils en ont parlé...

Composition de Caran d'Ache (*Le Figaro*, 14 février 1898).

* Sous la Restauration : *Surtout, n'en parlons pas !* voulait dire qu'il ne soit pas question du *Grand homme*, de Napoléon.
— Aujourd'hui... vraiment, les temps ont changé.

I. — CARNET DE VOYAGE DANS PARIS

Par Caran d'Ache (Monologue pour Fordyce).

(*Le Figaro*, 29 novembre 1897.)

II. — CARNET DE VOYAGE DANS PARIS
Par Caran d'Ache (Monologue pour Fordyce).
(Le Figaro, 29 novembre 1897.)

98 L'AFFAIRE DREYFUS ET L'IMAGE

LE VIEIL ACTEUR

(*Le Figaro*, 21 février 1898.)

Généraux futurs

(Page imitée de Zola)

Si dans l'avenir MM. Labori et Zola devenaient généraux, — ils ne seraient jamais d'accord, car l'un voudrait toujours défaire ce que l'autre aurait fait !. La voilà bien l'éternelle rivalité des Chefs !...

Composition de Caran d'Ache (*Psst...!*, 26 février).

S'en va-t-en guerre.

Venez-vous avec moi ?

Voilà le paquet !

De grâce, songez aux difficultés imprévues.

Embêtement général.

Ça commence à devenir plus gai.

LA QUESTION DU JOUR

(*L'Autorité*, 14 décembre 1897.)

« Comme plusieurs autres, cette image se trouve dominée par l'idée que Dreyfus, à l'Ile du Diable, doit être au courant de tout ce qui se fait en ce moment, en faveur de la revision de son procès.

Ça a bien la forme d'un boisseau.

— Témoin, vous êtes autorisé à parler pour ne rien dire.

Nécessité fait loi.

Vous ne savez rien ? Messieurs les jurés apprécieront.

On étouffe, ici.

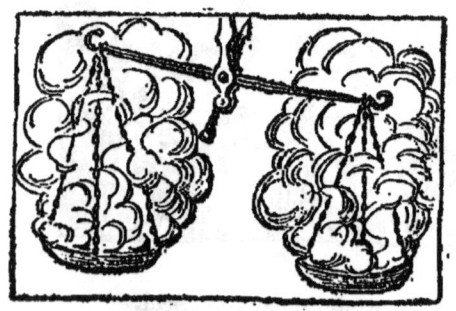

Qu'en sort-il souvent ?

CHEZ THÉMIS

(*L'Autorité*, 15 février 1898.)

Ouf ! c'est fini

Tête de Carême prenant.

Et dire que je ne suis pas encore décoré !

C'est nous les intellectuels.

Toujours l'affaire Dreyfus, alors ?

Le cadavre récalcitrant.

APRÈS LE CARNAVAL
(*L'Autorité*, 1er mars 1898.)

— Télégraphiez à Zola que je suis content de lui!

Caricature publiée par *Le Jour* (11 février 1898).

* Voilà bien de l'image de circonstance, de l'image faite pour influer sur l'esprit simpliste du populaire.
Et combien cruelle! Car enfin, le coupable a au moins droit à l'oubli en tout et pour tout.

ENCORE DREYFUS

De grâce ! M. Schourer-Kestner, *débinez*-nous votre truc et que ça finisse !...

Caricature de Pépin (*Le Grelot*, 14 novembre 1897).

* *Débinez votre truc*, et que ça finisse ! Oh ! oui, aux uns comme aux autres on n'a jamais demandé autre chose.

L'affaire Dreyfus, la question de 1897, devenu la *scie* de 1898 ! Et quelle scie à angles aigus sur laquelle on a limé, limé sans crainte de nous faire grincer des dents.

Comme en toute chose, à côté des gens qui sont pour et de ceux qui sont contre, il y a eu le parti des gens que ça embête et qui considèrent comme une *scie* tout ce qui vient arrêter le train-train habituel des affaires. C'est pour ceux-là que Pépin a composé son dessin, devançant ainsi par le crayon l'honorable témoin qui, durant le cours du procès, laissa à entendre que tout cela « commençait à devenir embêtant. » Hélas oui ! Mais n'est-ce pas toujours : *ad augusta per angusta*.

NOUVEL ÉTAT-MAJOR

— Tu crois qu'on manquera de chefs ? Eh ben, et ceux-là !...

Caricature de Pépin (*Le Grelot*, 28 novembre 1897).

« Ceux-là, il faut le reconnaître, s'ils n'ont point passé par tous les échelons de la hiérarchie militaire, ils ont de nombreuses campagnes à leur actif, et quelles campagnes ! Même des campagnes contre l'armée, contre ses chefs les plus vénérés, — l'un des deux, tout au moins, l'homme à la houpette. Avec de pareils chefs jouissant d'une autorité incontestée, l'armée de la future Révolution est sûre de la victoire.

Défenseurs non point de l'armée, mais bien des bureaux militaires, ces bureaux qu'un certain pamphlétaire, sans doute inconnu à M. de Rochefort, jadis, traîna dans la boue, les directeurs de *l'Intransigeant* et de *la Libre Parole* devaient se voir caricaturés en militaires.

En tout cas, l'idée exprimée par le crayon de Pépin est particulièrement réjouissante. Jamais la Satire et la Caricature humaines n'avaient eu à leur service pareilles armes de Rire !

La clef de la situation.

Caricature de Pépin (*Le Grelot*, 5 décembre 1897).

La clef! c'était inévitable.

« Pour entrer comme pour sortir, ce qu'il faut », dit une opérette du second Empire, « c'est la clef ». Et la clef de la situation est, elle, une clef de nature particulière dont le sens n'est point toujours facile à donner. Il est des problèmes insolubles, des problèmes sans clef. On peut même être surpris, en ces jours de camelotage triomphant, de ne pas avoir vu apparaître la *clef du procès Dreyfus*.

Après les romans à clefs, le procès à clef. Et la clef, dans une affaire de *huis clos*, c'est chose particulièrement grave, car volontiers, parodiant le *Petit Duc*, les meneurs eussent chanté en chœur :

Pas de clef,
Pas de clef,
Tel est l'ordre formel du colonel.

Une caricature de 1871 représentait la trahison livrant aux Prussiens la clef de Paris; cette fois, le jeu consiste, non plus à s'emparer d'une ville mais bien à faire sortir le condamné de l'île du Diable.

LA VÉRITÉ

Finira-t-on par la faire sortir ?...

Caricature de Pépin (*Le Grelot*, 19 décembre 1897).

« Pauvre Vérité! Combien de gens, depuis le bon La Fontaine, cherchèrent à la faire sortir de son puits. Combien d'images depuis la Renaissance, depuis *la Vérité* de Durer, l'ont représentée, court vêtue, n'osant se montrer, dans la crainte d'enfreindre les règlements de police; combien de jeux d'oie ont fait tomber dans son puits profond le joueur assez malheureux pour vouloir s'y désaltérer!

Fatalement elle devait revenir en une affaire aussi peu claire, l'image chère aux caricaturistes, l'image qui joua son rôle sous la Restauration, sous Louis-Philippe, sous la Commune et qui, lors de *la Boulange*, était surtout invoquée par les pêcheurs en eau trouble.

N'est-ce point le cas de rappeler le mot de Louis XVIII : « La Vérité! elle ne sortira de son puits que lorsqu'elle n'aura plus rien à dire. »

C'EST CREVANT!...

Les *Sans-Patrie* défendant l'honneur de l'armée française !...

Caricature de Pépin (*Le Grelot*, 2 janvier 1898).

« Oh oui ! c'est crevant ! les *Sans-Patrie* défendant l'honneur de l'armée française, mais n'est-ce pas justement un des privilèges de la politique de nous fournir, sans cesse, des *spectacles crevants*.

Il faut bien que les gens d'étude, de conscience, puissent s'amuser de temps à autre des palinodies qu'étalent au grand jour, avec force boniments de saltimbanques et pirouettes de clowns, les politiciens de métier. Après les palinodies du commencement du siècle, les palinodies de la fin. Après les girouettes de 1814 et de 1815, les girouettes de 1870, de 1871, de 1890, de 1897, l'histoire se renouvelle sans cesse, pour le plus grand bonheur des philosophes et Rochefort *l'intransigeant*, devenu le très transigeant Rochefort, n'est pas plus drôle que le Fouché de 1793 devenu Fouché la police ! Tous deux se valent.

Pourquoi cacher ce que tous les espions connaissent ?

Caricature de Pépin (*Le Grelot*, 16 janvier 1898).

* Cette caricature traduit par le crayon une idée déjà souvent exprimée par la plume : pourquoi cacher ce que tout le monde est à même de connaître par de multiples indiscrétions, pourquoi parler de secrets alors que les choses les plus secrètes sont à la merci des espions que tous les États entretiennent mutuellement les uns chez les autres?

Et forcément cela remet en mémoire cette définition d'un dictionnaire satirique :

« *Secret d'État* : ainsi nommé parce que ce n'est un secret pour personne. »

LE UHLAN

« C'est vous qui êtes le UHLAN ?... C'est bien, mon ami : CONTINUEZ ! »

Caricature de Pépin (*Le Grelot*, 23 janvier 1898).

* Parodie d'un mot célèbre jadis attribué au maréchal de Mac-Mahon, dont alors on s'amusa fort dans Paris et qui, depuis, soit par la caricature, soit par la littérature a été souvent employé, attribué, suivant l'actualité, aux personnages les plus divers.
Tout naturellement on devait s'en servir à propos d'Esterhazy depuis la publication de la fameuse correspondance qui, dans l'Europe entière, l'a rendu célèbre sous le nom de : *le Uhlan*.

TABLEAU DE L'AMOUR CONJUGAL

L'affaire Dreyfus. — Esterhazy à la Chambre... à coucher.

Caricature de Pépin (*Le Grelot*, 30 janvier 1898).

* Hélas, oui ! Quoi que l'affaire Dreyfus n'ait pas encore été une cause de divorce, elle a amené partout de violentes discussions, séparé de vieux amis, divisé le pays, souvent même les familles, en deux camps ennemis. L'image de Pépin ne fait donc que traduire d'une façon comique, caricaturalement exagérée, ce que Caran d'Ache a exprimé, lui, sur un mode également belliqueux quoique moins majeur. Mais, en tout cas, l'image de Pépin rend bien l'opinion populaire, qui, elle, a toujours besoin de crier : vive quelqu'un, vive quelque chose; à bas quelqu'un, à bas quelque chose.

EN MARCHE POUR LA VÉRITÉ

La consigne est de se taire.

Caricature de Pépin (*Le Grelot*, 13 février 1898).

* « Mon clergé est comme un régiment. » La caricature de Pépin remet en mémoire ce mot historique d'un archevêque sous le second Empire. L'on pourrait ajouter : comme un régiment qui marche, la consigne étant de marcher, et qui se tait, la consigne étant de se taire. Les militaires ont été cadenassés parce que tel est l'ordre formel du colonel, pour en venir encore à l'opérette, toujours d'actualité, quand il s'agit de politique, — et si l'ordre du colonel est formel c'est parce que l'ordre du général n'est pas moins formel. C'est l'*a*, *b*, *c* de l'obéissance, du respect dû aux ordres des supérieurs, l'esprit de corps étant le même dans toutes les castes.

E AMEN DE CONSCIENCE

— Devons-nous répondre : *oui* ou *non ?*

Caricature de Pépin (*Le Grelot*, 20 février 1898).

Cette image est destinée à montrer sous une forme précise, de façon à faire impression sur les masses, l'influence exercée par l'Église sur la politique actuelle et notamment dans l'affaire Dreyfus. L'état-major et le ministère sont à confesse chez le père Dulac, tandis que Drumont et Rochefort les deux soutiens, les deux piliers de la nouvelle Église, lisent leur bréviaire.

C'est chose véritablement inouïe combien les vieilles légendes ont la vie dure; combien un rien suffit pour ramener au jour les accusations, les attaques du bon vieux temps. Certains voient partout la ténébreuse influence des jésuites, comme si l'on était, encore, au temps de la Restauration et du célèbre Rodin dont les ténébreuses machinations mises en roman par Eugène Sue passionnèrent à un si haut point les générations antérieures.

NOUVELLE RELIGION

Caricature de Pépin (*Le Grelot*, 27 février 1898).

* L'image, ici, fait ressortir ce qui a été dit et imprimé bien des fois durant la durée du procès Zola. Après le *culte de la raison*, le *culte de la raison d'État*. Rien n'est plus juste, surtout si, par raison d'État, on entend l'intérêt des partis gouvernementaux. Tout le monde lira les inscriptions qui figurent sur les bannières : *L'Éclair*, l'*Echo de Paris* surnommé « de l'Inquisition » parce qu'il défend les bureaux de la rue Saint-Dominique-Saint-Germain — ceci pour ceux qui ne sont point au courant de la blague parisienne.

SCHEURER-KESTNER ALCHIMISTE

Vous êtes fou, vieillard!... Quand on a l'honneur d'être
Enfant d'Alsace, c'est un crime d'essayer
De blanchir, en dépit des preuves, un tel traître!...
Soyez plutôt Teuton, si c'est votre métier!

Caricature de Bobb (*La Silhouette*, 7 novembre 1897).

* Inventeur du blanchiement des criminels, il a, dit le texte destiné à venir appuyer l'image de Bobb, rêvé que du fond de sa cornue magique allaient sortir un faussaire idyllique, un Troppmann régénéré, un Dumollard sans reproche, un Bazaine patriote...

WATER-CLOSET POLITIQUE

— Gardez vos papiers, vieille sorcière ; ils ont déjà servi !...

Caricature de Bobb (*La Silhouette*, 28 novembre 1897).

* *La Silhouette* appelle cela l'enquête chez Mme Gibout. Mais Dumanet, fait-elle observer, est bon patriote, et ces « racontars de cabinet » n'atteignent pas à la hauteur de son dédain. Aussi repousse-t-il avec indignation les feuillets malpropres du dossier que le vice-préposé du chalet du Luxembourg essaie de lui glisser en sondeur.

ROCHEFORT GARDIEN DU PHARE

De la lumière, de la lumière, et encore de la lumière !!!

Caricature de Bobb (*La Silhouette*, 2 janvier 1898).

* Suivent quelques lignes d'hommage au vieux et toujours jeune lutteur Henri Rochefort, *plein d'ardeur dans le dur combat pour le Bon Droit et la Liberté*. « Que ç'ait été dans les saturnales de la dégringolade impériale ou dans les compromissions de l'opportunisme satisfait, que ce soit dans les dessous du Panama ou dans le cloaque Dreyfus, partout a fouillé, partout fouille le faisceau de lumière qu'il manie ainsi qu'un scalpel dans les sanies politiques et les plaies sociales. »

LES OISEAUX DE NUIT
A la cage !!! A la cage !!!
Caricature de Bobb (*La Silhouette*, 16 janvier 1898).

* Caricature publiée à propos de l'acquittement d'Esterhazy, ainsi que l'indique la note suivante :
« Enfin, le cauchemar est fini. Par l'acquittement du commandant Esterhazy, tous les oiseaux de proie qui s'acharnaient à la perte de cet officier ont été renvoyés à la cage prussienne, d'où ils n'auraient jamais dû sortir. »

LA RÉPONSE DE LA JEUNESSE

A Mouquette, Mouquette et demie.

Caricature de Bobb (*La Silhouette*, 23 janvier 1898).

* En quelques lignes bien... parfumées, *La Silhouette* explique que Bobb s'est employé « à transmettre aux âges futurs la réponse des étudiants et étudiantes à la lettre d'Émile Zola, l'insulteur ».
Dans *Germinal*, la Mouquette montre son... inexprimable aux représentants de l'ordre ; or, on ne saurait, dit *La Silhouette*, imaginer geste plus en situation pour témoigner le mépris des patriotes au représentant du désordre, de la démoralisation et de *La Débâcle*.

COUPEAU-ZOLA

Le délirium... très gros !!!

Caricature de Bobb (*La Silhouette*, 6 février 1898).

« Les symptômes les plus répugnants du *delirium tremens*,.. très gros même, — c'est le journal qui parle, — de cette folie alcoolique et furieuse si complaisamment décrite par le romancier de l'*Assommoir*, se manifestent chaque jour en lui d'une façon mieux caractérisée et la crise finale est proche.

« L'obsession des grandeurs, la manie de la persécution lentement développées par l'abus des adulations frelatées se sont aggravées sous l'influence des dernières orgies d'absinthe Dreyfus et, aujourd'hui, le mal est incurable...

NOUS ACCUSONS... !!!

La rentrée de Clémenceau.

Caricature de Bobb (*La Silhouette*, 13 février 1898).

* Caricature publiée à propos des articles de M. Clémenceau dans *l'Aurore* et de sa participation au procès Zola.
Contre le mur les noms des officiers fusillés sous la Commune. De son dossier sort un papier *Old England*, l'attitude de M. Clémenceau dans les affaires d'Égypte ayant été très vivement critiquée et considérée comme favorable à la politique anglaise — tandis que le pain de sucre qu'il a sous le bras, rappelle ses relations avec Cornélius Herz.

TOUT A L'ÉGOUT !

Quoi qu'ils fabriquent donc au Palais de Justice, pour qu'il en sorte tant de boue qu'ça ?

Par Bobb (*La Silhouette*, 20 février 1898).

* Caricature des plus violentes contre les défenseurs de Dreyfus suivie de quelques réflexions conçues dans le même esprit. « Le système du *Tout à l'égout* a été imposé dans Paris entier. Que ne l'applique-t-on au temple de Thémis ? Il faut enfinir!

« Au nom de l'hygiène, à l'égout les immondices. »

Il n'est pas sans intérêt de faire remarquer que les mêmes aménités furent dirigées, jadis, contre Louis XVI.

LA DÉBACLE

Enlevez, c'est jugé !!!

Par Bobb (*La Silhouette*, 27 février 1898).

* Après *A l'égoût*, l'éternel : *A la frontière*. L'histoire peut changer, les passions humaines ne se modifient point.

CHEZ NOS VOISINS

— Réjouissons-nous, mes amis : en France, on insulte l'armée.

Par Fertom (*Le Pilori*, 28 novembre, 1897).

« *Le Pilori* fait suivre cette image des observations suivantes :
« Jamais on n'a fait avec plus d'entrain, de sang-froid et d'imbécillité le jeu de la Triplice. C'est à croire que l'on obéit à un mot d'ordre donné de Berlin, et que les accusations portées contre l'armée sont traduites de l'allemand. »

LES DERNIÈRES CARTOUCHES

(Épisode de la défense de Dreyfus.)

Par Fertom (*Le Pilori*, 16 janvier 1898).

* Ci-gisent sous le crayon de Fertom les défenseurs de Dreyfus, les deux premiers couchés sur le flanc ou, pour être plus exact, sur le dos, Trarieux, Yves Guyot tiraillant, Zola, coiffé du fameux chapeau italien, chargeant son espingole de brigand calabrais.

Assurément rien, en cette image, ne rappelle le classique combat : *les Dernières cartouches*, mais Dieu veuille que ce soient bien, de part et d'autre, les dernières... dernières cartouches.

COURONNEMENT D'UNE CARRIÈRE

Zola. — Merci, camarades, vous au moins vous me rendez justice.

Par Fortom (*Le Pilori*, 23 janvier 1898).

* Dans le même numéro, pour expliquer cette image d'une exactitude douteuse, — après tout c'est une image graphique — on lit :

« D'origine italienne, il abandonna, en 1870, sa patrie adoptive, comme il s'empresserait évidemment de l'abandonner à la prochaine occasion, pour se jeter dans les bras des Allemands, ses amis, et des Italiens, ses frères. »

126 L'AFFAIRE DREYFUS ET L'IMAGE

L'ARGENT DE L'ÉTRANGER

Zola. — Versez, amis, dans le casque de Bélisaire.

Par Fertom (*Le Pilori*, 6 février 1898).

* Quoique cette caricature se passe de tout commentaire — elle est assez parlante, ce me semble — le journal a cru devoir la faire suivre d'un article intitulé : *L'argent de l'étranger*, que j'estime, à mon tour,

devoir reproduire pour bien montrer le ton des polémiques de plume et de crayon dans cette triste affaire.

L'ARGENT DE L'ÉTRANGER

« Une foule de Belges, de Suisses, d'Italiens, d'Anglais et d'Allemands continuent à envoyer de chaudes félicitations à notre illustre pornographe pour le complimenter de son ignoble campagne contre l'armée.

« *Il signor* Zola est très satisfait de ces témoignages d'affection, et tout récemment, il confessait sa joie intime dans le gilet d'un brave journaliste américain qui, ne reculant pas devant la vidange, était venu l'interviewer.

« Il paraît également que le Père Emile reçoit énormément d'argent d'un peu partout. Et cela lui plaît infiniment, car de cette façon, en cas de condamnation, les frais de son procès seront payés et il ne sera pas obligé de tirer de son escarcelle les fonds qu'il a gagnés dans l'exercice de la pornographie.

« Ainsi Zola le dit. Il accepte des encouragements pécuniaires des mains de l'étranger.

« Tout le monde avait cette conviction. Il était utile pourtant qu'il en fît l'aveu. Plus personne aujourd'hui n'ignore les motifs de son immonde besogne et les noms des conspirateurs masqués qui se cachent derrière lui. »

* « Tout le monde avait cette conviction. »
Pauvre M. Tout-le-Monde, que de choses lui fait-on dire ?
Mais le comble, c'est Zola déclarant avoir « accepté des encouragements pécuniaires de l'étranger. »
O sainte liberté de la presse !

LA VIE DE ZOLA

Caricature de Clérac (*Le Pilori*, 13 février 1898).

1. — Dès sa plus tendre enfance, il manifeste un goût particulier pour la m...élasse.

2. — A peine âgé de dix ans, il accuse déjà ses camarades.

3. — A vingt ans, sa muse l'inspire, et il se documente pour l'avenir.

4. — A trente ans, il conduit nos soldats à la gare de l'Est, et prend... le rapide de Bordeaux.

5. — Son œuvre : *Comment Zola a vu la femme.*

6. — Son œuvre : *Comment Zola a vu le peuple.*

7. — A l'odeur de sa... marchandise, l'Académie recule, épouvantée.

8. — Déguisé en pèlerin, il veut entrer au Vatican.

9. — Las de la vie, il se retire à Médan, où la voix de Reinach et de Scheurer-Kestner lui parle.

10. — Il accuse l'armée.

11. — La réponse du peuple.

12. — Le dénouement.

* Les vies comiques, drolatiques des grands hommes et des écrivains illustres datent de loin dans la Caricature : on les rencontre dès la Révolution et, depuis 1850, presque toutes les personnalités marquantes virent ainsi leurs hauts faits ou leurs actions d'éclat interprétés de façon satirique par l'image. Proudhon, entre tous, donna lieu à des séries de petites vies amusantes dessinées par Cham dans *Le Charivari* avec un entrain endiablé. Naturellement, les grands de la terre, princes et souverains, n'échappèrent pas non plus à ces biographies illustrées, d'une nature particulière. Et quand on ne pouvait pas dessiner librement ce que l'on pensait, on avait recours aux subterfuges habituels. C'est ainsi que Napoléon III *regnante*, une *Vie et aventures drolatiques du sire de Framboisy* ne trompa personne.

Avec les vies légendaires de l'Epinal, ces vies comiques sont la consécration de la célébrité, car si les unes constituent l'encens populaire, les autres peuvent être considérées comme la blague sous une forme également populaire.

430 L'AFFAIRE DREYFUS ET L'IMAGE

LA DÉBACLE

Ah ! plaignez son pauvre sort (air connu).

Par Fertom (*Le Pilori*, 27 février 1898).

* Dans le même numéro, deux vignettes représentent le général de Pellieux embrochant Zola, avec cette légende : *Bravo, mon général !* et Zola venant d'Allemagne, un casque prussien à la main, derrière le dos. Légende : « Qui vive ? — Citoyen français. — Votre nom ? — Emile Zola. — Passez au large. »

HONNEUR A L'ARMÉE

— Taisez-vous, sales cabots, laissez passer les gloires de la France.

Par Clérac (*Le Pilori*, 20 février 1898).

* Honneur à l'armée ! On ne saurait trop applaudir à l'idée même qui a guidé l'artiste, et ce défilé historique — genre Hippodrome, — a dû très certainement trouver parmi la foule de nombreux admirateurs. Mais honorer l'armée ne veut pas dire : *insulter les civils*, ces derniers constituant dans leur ensemble l'armée. Toutefois, *Le Pilori* pense différemment, ce qui est son droit. Et c'est pourquoi il me semble intéressant de reproduire la notice placée en tête de ce même numéro du 20 février. Ce sera un document pour les idées du jour :

« L'éclatant succès obtenu par le dernier numéro du *Pilori* nous a causé une très vive joie.

« Attaquer Zola, c'est défendre l'armée. Le public a récompensé nos efforts en faisant à notre journal un chaud et cordial accueil.

« Deux fois, nous avons dû remettre le *Pilori* sous presse et procéder à de nouvelles distributions chez les marchandes de journaux et chez les libraires. A ces braves gens revient d'ailleurs une partie de notre succès. Elles y ont aidé en étalant bien en vue la cinglante page de notre dessinateur.

« De pareils encouragements nous sont précieux. Ils résonnent en nos cœurs comme le coup de clairon dans l'âme des soldats sur le champ de bataille.

« Haut les cœurs, patriotes, et face aux insulteurs du drapeau ! »

LE CHATIMENT DE ZOLA, par CLÉRAC

Le Grand-Chancelier. — Au nom de la France, je vous enlève la Croix.

(*Le Pilori*, 6 mars 1898.)

* « Avec son année de prison, M. Emile Zola restera-t-il ou ne restera-t-il pas officier de la Légion d'honneur ? » La question a été posée par les enfants terribles du parti de la répression. Et *Le Pilori* qui se fait leur porte-parole, dit : « Nous espérons que le général Davoust n'hésitera pas à réunir le conseil de l'ordre pour rayer du livre d'or, comme indigne, l'écrivain dont le contact serait une souillure pour tant de braves gens qui ont gagné la croix en servant leur pays... Nous demandons la radiation de M. Zola. »

Les ouvriers de la dernière heure

A PROPOS DE L'AFFAIRE DREYFUS

(*Le Père Peinard*, 12 décembre 1897.)

* *Le Père Peinard*, lui, n'y va pas par quatre chemins et opère sans gants. La pompe Richer joua, du reste, dès l'origine, un grand rôle dans l'image révolutionnaire.

L'honneur de l'armée!... Ah c'est du joli... On en parle tant que j'ai lâché le tire-pied pour me foutre sculpteur. Reluquez mon boulot!

(*Le Père Peinard*, 19 décembre 1897.)

* Cette idée d'un monument sanglant à élever à l'armée se retrouve souvent et ce qui ne manque point de piquant, c'est que pareille image portant sur le piédestal : *Aubin, la Ricamarie, mai 1871*, fut jadis dédiée au citoyen Rochefort, échappé de Nouméa. Les temps changent.

(*Le Père Peinard*, 6 février 1898.)

* Cete image traduit de façon assez amusante et assez exacte, en même temps, l'impression générale des nouvelles couches sociales, en France et en Allemagne notamment. Entre *dreyfusiens* et *esterhaziens*, entre la dame demi-lumière et la dame huis clos, Populo ne se prononce pas... *il rigole*.

— Tel que vous me voyez, mossieu, j'ai travaillé cinquante ans chez ces sales youpins !

— Et moi, mossieu, tel que vous me voyez, j'ai bûché un demi siècle pour ces bons catholiques !

(Le Père Peinard, 20 février 1898.)

(*Le Rire*, 18 décembre 1897.)

* Hélas ! Pas plus que Scheurer-Kestner, l'auteur de *Pot-Bouille* ne pouvait dévoiler un secret aussi bien... cadenassé.

PAS D'ERREUR

— On ne nous le fait pas, à nous, le coup de Cynoct.

Dessin de Hermann Paul (*Le Cri de Paris*, 9 janvier 1898).

Dessin de Hermann Paul (*Le Cri de Paris*, 16 janvier 1898).

BELLE JEUNESSE

Dessin de Hermann Paul (*Le Cri de Paris*, 23 janvier 1898.)

* La même idée a été interprétée par d'autres crayons, mais la notation d'Hermann Paul est particulièrement pittoresque.

Ce n'est point l'idée en marche, mais bien la rosserie en action, *la rosserie fin de siècle* agrémentée de cannes dont les corbins ressemblent singulièrement à des crochets. Assommeurs en marche! Tous contre un! Oh! oui, belle jeunesse, embrigadée, enrégimentée, bénévole, ayant surtout la haine de l'idée libre, de l'opinion personnelle.

Muscadins fin XIXe siècle ayant remis en honneur la canne grotesque des muscadins fin XVIIIe siècle, tant il est vrai qu'à un siècle de distance les mêmes faits, les mêmes hommes, les mêmes sottises, les mêmes ridicules se présentent à nouveau, amenés, du reste, de la même façon par les mêmes faiblesses, les mêmes incapacités, les mêmes égoïsmes.

« Comme un seul homme contre un seul homme. »

Première page du journal *Psst...!* Dessin de Forain.

* Réponse directe au *J'accuse* de Zola. Et, de son côté, Willette, dans le *Courrier Français* du 13 février, a répondu par son *Psst...! Cocher!* au *Ch'accuse...!* du Forain.

La dernière quille

— Allons, cher paron, encore celle-là... et la partie est à nous.

Composition de Caran d'Ache (*Pstt...!*, 5 février 1898).

— C'est là votre journal du soir?
— Le patron a remarqué que ces éternelles discussions que vous savez agacaient les clients; alors il a effacé ce qui pouvait les faire naître.

— Quand on voit toutes les haines qu'entraînent les religions, il faut bien reconnaître que le mieux est de s'en passer.

Croquis par Paf. (*Le Charivari*, 30 janvier et 13 février 1898.)

Croquis d'Actualité
Par HENRIOT

— D'abord, mossieu, pourquoi y aurait-il une justice spéciale pour l'armée?
— Mais, pour juger les militaires...
— Moi, mossieu, voilà vingt-cinq ans que je suis dans les contributions indirectes. Eh bien! quand j'ai été pincé pour délit de chasse, on m'a tout simplement fait passer en police correctionnelle.

Croquis d'Actualité
Par HENRIOT

— Personne de compromis, ce soir... Rends-moi mes deux sous.... Tu me voles mon argent.

*Reproduction de deux des croquis publiés quotidiennement par *l'Evénement*, janvier 1898).

M. SCHEURER-KESTNER CONSULTE LA VOYANTE.

Composition de Léandre (*Les Quat'Z'Arts*, 28 novembre 1897).

* Comme tous les journaux de la butte et même des hauteurs montmartroises, les *Quat'Z'Arts*, fondé le 1ᵉʳ novembre 1897 par MM. Émile Goudeau et Trombet, et organe officiel du cabaret-concert *Aux 4 Z'arts*, s'est d'emblée déclaré contre « l'affaire Dreyfus » et, par conséquent, contre tous les hommes qui, d'une façon quelconque, devaient intervenir en la circonstance, pour la revision du procès.

J'accuse!...

Dessin d'Abel Truchet (*Les Quat'Z'Arts*, 28 janvier 1898).

A cette image répond un article du rédacteur en chef, Émile Goudeau, conçu en style apocalyptique et qu'on ne lira pas sans intérêt, car c'est un morceau bien pensé, présentant autre chose que des injures ou des insultes personnelles et traduisant assez bien le sentiment populaire.

ZOLA

Verset 1. — En ce temps là, un homme de la tribu de Juda, un scribe célèbre, nommé Zola, s'avança sur la place publique.

Verset 2. — Et il dit : « Peuple, tes généraux sont tous des crapules, tes officiers sont des mufles, l'état-major n'est composé que de bélîtres et de canailles. »

Verset 3. — « Il n'existait qu'un officier innocent et digne, un seul, pas plus. Alors, les autres, par basse envie, l'ont envoyé dans une île déserte, au diable. »

Verset 4. — Et Zola ajouta ces mots : « J'accuse ! »

Verset 5. — Aussitôt, une épouvantable clameur discordante s'éleva parmi la foule. Et les coups de pied au derrière ainsi que les coups de poing sur gueules commencèrent à ruisseler sérieusement.

Verset 6. — Dans les repas de famille, dans les banquets de Labadens, on se mangea le nez dès le potage, jusqu'au dessert.

Verset 7. — Et la guerre civile commença.

Verset 8. — Des jeunes hommes parcoururent la cité en conspuant Zola.

Verset 9. — Et des enfants à la mamelle lâchèrent le sein de leur nourrice, et, subitement doués de la parole, ô prodige! poussèrent le cri : « Conspuez Zola! »

Verset 10. — Et la clameur devint absolument intolérable. Et le gouvernement se fit soudain muet, nul ne savait pourquoi. Et tout le monde gueulait si fort qu'on n'entendait pas le sourd grondement de l'émeute, ni le frémissement des sabres aptes aux coups d'État qui logiquement succèdent aux émeutes.

Verset 11. — Et tout cela fut fait parce que le scribe Zola, armé du Verbe divin, s'en servit pour soutenir une cause insoutenable. Et il fut conspué.

Verset 12. — Cependant les poètes, gens naïfs, et qui ne sont au courant de rien, ne lisant nul livre excepté le dictionnaire des synonymes, et nul journal sauf celui de Goncourt, les poètes, séduits par la phrase cadencée, violente et adroite de Zola, prirent parti pour lui, et s'embarquèrent sur la galère.

Verset 13. — Or, les poètes ne savaient pas ce qu'est une armée, ni une division, ni une brigade, ni un régiment, ni une compagnie. Ils ignoraient toute l'armée, n'ayant pas été militaires ; ils croyaient, ayant vécu dans les bibliothèques, qu'il existe encore des phalanges comme au temps d'Alexandre, ou des légions comme aux jours lointains de Jules César. Et ils suivaient Zola qui ne connaissait pas plus l'armée qu'eux-mêmes.

Verset 14. — Et tous, sans savoir pourquoi, désiraient nommer généralissime l'homme qu'on avait envoyé dans l'île, au diable. Le peuple, lui, ne voulait pas de ça, et gueulait en conséquence.

VERSET 15. — Alors les sept sages de Montmartre, qui étaient assis au bord de la route, et qui s'enrouaient à crier : « Assez! assez! mais foutez-nous donc la paix! » se consultèrent gravement.

VERSET 16. — L'un demanda : « Pourquoi le Scribe Zola est-il allé dans cette galère ? »

Un second sage répondit : « C'est sans doute parce qu'il ignore les principes les plus élémentaires de la navigation. »

VERSET 17. — Un troisième déclara : « C'est que, en sa qualité de scribe, il déteste les militaires, et voudrait ébrecher leur sabre. »

« En ce cas, dit le quatrième sage, il se met l'index dans l'œil ; car il ne faut jamais heurter le sabre, ça l'aiguise. Des hommes de la République l'avaient émoussé : on devait s'en tenir là, et ne pas le passer à l'acide. »

VERSET 18. — « Alors, dans cette affaire de sabre, dit le cinquième sage, le scribe Zola fut Gribouille. »

« Tu parles ! » opina le sixième sage.

VERSET 19. — Et il continua de la sorte : « Pour être un simple homme de talent, il faut se montrer fort intelligent et perspicace ; pour devenir homme de génie, beaucoup d'imagination est nécessaire, avec une souveraine intelligence et un vaste dédain pour tout ce qui n'est pas votre partie. Zola fut jadis un homme de talent qui avait des tendances au génie ; il est désormais homme de génie à l'ancienneté et il ne comprend plus rien. Il dit à Dieu : « Tu n'existes guère, mais si tu existes je suis ton frère, car nous avons des nuages, toi et moi, des nuages où la foule des hommes aperçoit des figures de rires, et des fontaines et toutes sortes de spectres effrayants ; et quand nous le voulons, nous autres, dieux ou génies, nous donnons la vie à ces nuées et les Peuples sont effarés et ils gueulent. » Et Zola est très satifait.

VERSET 20. — Et les sages de Montmartre crièrent de nouveau d'une voix rauque, épuisée : « Assez ! Assez ! Assez ! Foutez-nous donc la paix ! »

VERSET 21. — Alors, le septième sage qui s'était abstenu jusque-là, proféra son opinion, telle : « C'est triste aventure que Zola n'ait pas suivi le précepte sacré, celui où l'homme, avant de parler de ce qu'il connaît peu, mal ou pas du tout, est invité à tourner sept fois sa langue dans la bouche de sa voisine. »

(*Les Quat'z'Arts*, 13 février 1898.)

* La justice pleine de mansuétude, pleine d'égards pour Zola !
La police a de tout temps veillé sur les criminels que la vindicte populaire voulait écharper. Pouvait-elle faire moins pour un honnête homme ? Voyons, voyons : un peu de calme et moins de passion. Qu'a donc bien pu faire Zola à Montmartre !

ÉMILE ZOLA

Allons ! les amateurs !... la débâcle et ses pages brûlantes sont à l'intérieur... On s'inscrit...
(pas de réclame !)

D'après une composition coloriée de C. Léandre

(*Le Grand Guignol*, 12 février 1898.)

* Encore un journal créé par un cabaret-concert de Montmartre, *Le Grand Guignol*, sous la direction de MM. Henri Ludo et Oscar Méténier.

Zola, en aboyeur, en hurleur de ménagerie, ayant sur la poitrine mille tatouages et inscriptions : *l'or n'est pas une chimère, nulla dies sine linea*, et, naturellement, comme image, l'inévitable petit cochon porte veine.

Entrez, entrez ! Et l'on est entré..., pas dans la ménagerie, mais au Palais de Justice, et tout le monde sait ce que l'on a vu et entendu !

CARICATURES FRANÇAISES

Vignette de Borgex pour la *Lettre à Émile Zola*, publiée par la *Lanterne de Bruant* (n° 35).

* La *Lettre à Emile Zola* est une chanson qui se chante sur l'air de *Cadet Roussel* et qui, écrite dans un style peu académique, obtint assez vite un grand succès dans les faubourgs.

Voulez-vous être édifiés, gens de Paris et des provinces, lisez et dégustez :

Cher maître, vous vous surmenez (*bis*)
Depuis quelque temps vous prenez (*bis*)
Le torche-cul pour la serviette
Et votre pot pour une assiette ;
Ah ! ah ! calmez-vous don',
L'docteur Toulouse avait raison.
. . . .

Chœur :

Vous accusez, vous attaquez (*bis*),
Vous écrivez, vous convoquez (*bis*),
La nuit vous écrivez encore,
Vous écrivez même à l'Aurore ;
Ah ! ah ! soignez-vous don'.
. . . .

Il ne faut pas, mon cher Zola (*bis*),
Continuer ce fourbi-là (*bis*),
Nous serions désolés, cher maître,
De vous voir finir à Bicêtre.

150 L'AFFAIRE DREYFUS ET L'IMAGE

LA JUSTICE

— N'aie pas peur de la bête! je suis là !

(*Courrier National illustré*, 23 janvier 1898.)

* Journal hebdomadaire, publié par le journal quotidien : *Le Courrier National*. Cette composition est une des rares allégories auxquelles ait donné lieu l'affaire Dreyfus, la lutte ayant toujours revêtu et conservé un caractère plus particulièrement personnel, et les dessinateurs comme les journalistes ayant vu, dans tout cela, une affaire de personnes bien plus que de principes.

Marianne. — Tiens, brave Populo! je t'ai promis de te montrer la vérité... Eh bien, regarde, la voilà!

Composition de Couturier (*Le Don Juan*, 23 janvier 1898).

* Il ne faut point mépriser les petits, et surtout il ne faut dédaigner aucun *apporteur* de vérité. Or, embrigadés, forcés par les exigences de la politique à soutenir quelquefois jusqu'à l'absurde telle ou telle thèse, les journaux quotidiens n'ont jamais pu être que de parti pris durant toute cette pénible affaire Dreyfus.

On ne lira donc pas sans intérêt quelques appréciations indépendantes empruntées au *Don Juan*, un journal pas bégueule, mais de bon sens et qui, en montrant la Vérité dans la posture où la place le crayon de Couturier, n'a peut-être pas tourné le dos à la Vérité autant qu'on pourrait le croire. Ce sont des notes du boulevard, écrites au courant de la plume, en un style, je le répète, très lâché, mais qui donneront une impression d'exactitude, de vérité, à ceux qui, dans l'éloignement de leur province ou de l'étranger, ne purent point juger *de visu* de l'état d'âme de la population parisienne durant le procès Zola.

— *Don Juan* du 28 janvier, — après avoir résumé en cette légende les exploits d'un jeune manifestant : *J'ai cassé quatre vitres et j'ai p... sur la maison de Zola.*

« Les affaires s'arrêtent. Le plaisir s'épouvante. L'inquiétude plane. L'angoisse règne. D'où sortent ces bandes féroces, ces bandes stupides, guidées par on ne sait quels mystérieux meneurs. Des étudiants ? Des patriotes ? Non pas. La bande de mercenaires qui, jadis, acclamait ou huait Boulanger ! Les gens conduits au poste et pris dans ces bagarres sont tous des camelots, des marmitons, des garçons de café, des maquereaux. S'ils crient, s'ils dévastent, c'est qu'on les paye. Aujourd'hui, ils conspuent Zola! Demain, ils conspueront Drumont, si le Syndicat les enrôle. Ils n'ont aucune loi, nul emballement. Ils font leur métier : ils s'excitent à briser les vitres. Des anarchistes? Non. De la pègre, de la fripouille, de la canaille ignoble. Ils se fichent de l'armée, ils se foutent de Dreyfus.

— *Don Juan* du 20 février :

« C'est énervant de vivre parmi des tas de fous, d'aliénés, ne souffrant pas qu'on discute librement, qu'on se désintéresse de l'affaire Dreyfus, du procès Zola, du patriotisme des frères antijuifs : Rochefort et Drumont.

« Quand je babille avec un hystérique-dreyfusien, si j'ose m'exprimer en ces termes : « Mais il est peut-être coupable, le condamné de l'Ile du Diable! » aussitôt c'est une musique, des hurlements, des cris de paon : « Ah! ah! vous êtes vendu au Syndicat catholique! Crapule! Fripouille! Saligaud! Charogne! »

« Quand je converse avec un névropathe-antisémite, s'il m'arrive d'insinuer : « Il est peut-être innocent, ce malheureux Dreyfus! Et alors, fichez-vous un instant dans sa peau; supposez qu'on vous ait retranché du monde, déshonoré, maudit. Trouveriez-vous qu'ils auraient tort les parents qui voudraient vous réhabiliter? » mon honorable interlocuteur me traite aussitôt de « Sale Youpin, vendu au Syndicat, payé par les Prussiens. »

« Quand je jaspine avec un épileptique-patriote, qui gueule et se lamente sitôt qu'il doit faire ses treize jours, si je dis froidement : « Oui, les conseils de guerre sont des tribunaux où l'on juge avec loyauté; mais ils ne sont pas infaillibles. Lorsque le président, chef hiérarchique, déclare aux autres membres : Sur mon honneur de soldat, l'accusé est coupable! les subordonnés marchent comme un seul homme, n'écoutent pas la cause, se fichent des témoignages, dorment durant la plaidoirie de l'avocat et n'ont, à l'heure du verdict, qu'une opinion : celle du chef! » Aussitôt, c'est un tonnerre, les absinthes tombent, les verres se cassent : « Sale communard! bandit! antipatriote! chameau! » crie mon ami le patriote.

Il me menace, me met le poing sur le nez. Mais je suis bien tranquille.

— *Don Juan* du 24 février :

« A l'heure du Pernod, mon excellent ami le général de Pellieux, énervé par les cris des marchands de journaux, me tint ce langage :

« — Ceci tuera cela. Le papier, après avoir assassiné la foi en Dieu, ravagera aussi la croyance en l'armée. Oui, toutes ces maudites feuilles qui voltigent sur le trottoir, voilà le véritable ennemi, l'hydre aux cent mille gueules qu'il faudrait abattre !

« — Mon général, osai-je, il me semble pourtant que la Presse est plutôt l'apôtre de la bonne doctrine. De quoi vous plaignez-vous ! Rochefort et Vervoort eux-mêmes sont avec vous, pour tenir haut et ferme le drapeau de l'armée.

« — Hé, fit le général, avec mauvaise humeur, ces alliances-là me désolent plus que les hostilités farouches, implacables. Oui, c'est cela qui me met en rage : voir que nous avons l'air d'être protégés par une affreuse clique de malandrins sans foi ni loi, qui, en Soixante-Dix, firent la Commune et donnèrent le spectacle sacrilège d'une guerre entre Français. Au lieu de les exterminer tous, comme ils le méritaient, les gredins, on s'est apitoyé, on leur a offert une villégiature de quelques années dans une de nos plus belles colonies. Et ils sont revenus pour perturber le pays, plus lentement, plus sûrement. La démoralisation actuelle est leur œuvre. Aujourd'hui, — question de boutique — les anciens communards nous tendent la main : nous ne la voulons pas. Les coquins, malgré les amnisties, sont toujours des coquins. Nous devons nous garder de leur contact infâme ! Ah ! laissez-moi rire : nous, les soldats, accepter l'amitié d'un Rochefort qui, il y a un mois, insultait gravement le général Mercier, le traitait de gâteux, le traînait dans son encre : non, monsieur le marquis, éternel renégat, nos rangs ne s'ouvrent pas aux traîtres de votre race ! »

J'abrège... d'autant que je ne veux pas suivre plus longtemps l'auteur sur le terrain des personnalités, et qu'il continue en disant son fait à un caricaturiste célèbre, celui-là même qu'on a quelquefois appelé le Rochefort du crayon. Mais que vous semble de cela ?

Bandes payées pour conspuer. — Véritable folie sauvage de la foule surexcitée par le ton de certaine presse. — Concours plus que compromettant de certaines individualités politiques ; — rien n'y manque.

1. — Ne pouvant satisfaire mes goûts luxueux, je résolus de tirer profit de la haute situation que j'occupe en vendant à l'étranger les secrets dont je suis détenteur. Je donnai rendez-vous au colonel X... dans un endroit écarté.

2. — Nous nous rendîmes dans un cabaret borgne.
— Vous avez des secrets? me dit-il. — Oui, approchez encore ; vous y êtes? — Oui. — Eh bien, l'adjudant de la 2ᵉ compagnie du 3ᵉ bataillon du 190ᵉ de ligne, vous entendez? — Oui. — Eh bien, il s'appelle Fagot.

3. — Cré nom d'un chien ! dit le colonel X... vous ne savez plus rien?... — Si ! pour le chauffage du corps de garde de la place de B... sur T... on a consommé exactement 985 kilogrammes de charbon de terre.

4. — Vous ne savez plus rien ? dit le colonel X... — Non ! — Eh bien, tâchez de m'avoir d'autres renseignements.

Là-dessus, nous sortîmes du cabaret borgne et il me compta une somme fabuleuse.

5. — L'avenir est à moi ! fis-je, comme le grand Empereur. Et je m'en allai le soir même conquérir le monde et assouvir mes instincts passionnés.

6. — Mais ensuite la folie fit place à la raison, les remords m'envahirent et je m'écriai, parlant à ma personne : — Caïn, qu'as-tu fait de ta mère ?

7. — J'étais depuis quarante-huit heures dans cet état d'âme, quand je reçus du colonel X... un télégramme ainsi conçu : « Renseignements sans valeur, rendez l'argent. »

8. — Les renseignements ne valent rien ! Alors je n'ai pas trahi, m'écriai-je en reprenant dans ma propre estime mes dimensions ordinaires. O mes nobles ancêtres, vous n'aurez pas à rougir de moi, je continuerai à circuler le front haut !

9. — Et pour ne me compromettre en rien dans l'hypothèse de visites domiciliaires ou de confrontations d'écritures, je fis au colonel cette simple réponse : « Impossible ! ma maison est au coin du quai ! »

MA PREMIÈRE TRAHISON

Caricature de Angeli (*La Chronique Amusante*, 30 décembre 1897).

* Ce que l'on appelle une bonne blague parisienne et ce qui pourrait être une scie d'atelier — si ce n'était la charge de la scie de la trahison, toujours à l'état latent depuis 1870.

ZOLA QUITTE PARIS

— L'orage gronde: la vieille Société va disparaître, une seule chose peut nous sauver : « La Bicyclette gratuite et obligatoire »

Caricature de Stick (*L'Auto-Vélo*, 21 novembre 1897).

* Cette caricature fut publiée au moment des articles de Zola dans le *Figaro*, alors que certains personnages prêtant leurs vertus aux autres, faisaient courir le bruit que l'auteur de *Paris* allait, non point s'absenter, mais bien fuir la capitale.

Et ce fut, pour l'*Auto-Vélo*, un moyen de faire de la réclame à la bicyclette dont Zola, comme on sait, est devenu sur le tard un adepte.

Tout le monde a encore présent à la mémoire ce qu'il a écrit sur l'accident qui lui arriva à ce propos.

Depuis le procès, le bruit ayant couru qu'une société vélocipédique voulait chasser Zola de son sein, le *Vélocipède illustré* a publié une caricature où l'on voit Zola fuyant à toute vapeur vélocipédique vers l'Italie. (Voir n° du 22 février 1898.)

L'ignoble Zola écrit à la Jeunesse, au Président de la République, etc...

(*La France libre illustrée*, de Lyon, 28 janvier 1898.)

* Journal ayant pour exergue les mots : *Christ et Liberté ! La France aux Français*, et tenant, à Lyon, la place de la *Libre Parole* à Paris. Il était donc tout naturel qu'il se tourna contre Zola et qu'il profita de la circonstance pour le représenter, une fois de plus, en personnage de la gent porcine.

Jamais le cochon n'avait joué un aussi grand rôle dans l'imagerie. En Espagne, il sert à représenter les Américains, marchands de cochons de Chicago ; à Paris, il semble être devenu la propriété d'Émile Zola. Que Monselet n'est-il là ? Il en mangerait, au moins, l'aimable chantre !

UN CADAVRE RÉCALCITRANT

Rochefort. — Ces condamnés à huis clos et en secret!... Si on les écoutait, il n'y en aurait pas un de coupable.

Drumont. — Je n'admets pas que Dreyfus, étant juif, puisse être innocent.

Rochefort (le rouge de l'indignation au front). — Et dire que, pour imposer leur manière de voir, ces êtres sans patriotisme n'hésitent pas à jeter le discrédit sur les honorables juges de l'honorable Conseil de guerre et à semer l'injuste suspicion et l'odieuse défiance sur les vaillants officiers de notre brave armée!...

(*La Comédie politique*, de Lyon, 14 novembre 1897.)

LA MILLEVOYTE   LA BILLOTE   L'ALPHONSINE HUMBERT

LA MILLERANDE   LA DRUMONDE

LA MÉLINE   LA ROCHEFORTE

LES TRICOTEUSES DE 1897

(*La Comédie politique* de Lyon, 26 décembre 1897.)

* Les *Tricoteuses* d'autrefois étaient censé danser autour de la guillotine : les nouvelles tricoteuses sous le crayon de Morland, dessinateur attitré de la *Comédie politique*, dansent une joyeuse ronde autour du prisonnier de l'île du Diable, tout en faisant ainsi bonne garde. En d'autres termes, elles s'acharneraient après lui comme leurs aïeules prenaient plaisir à voir couler le sang des aristocrates.

SOUS L'ÉTEIGNOIR

Projet de dispositions architecturales pour les salles des Conseils de guerre de l'avenir et projet de tenue de gala pour les juges, avocats, accusés, témoins et pièces de conviction de ces Conseils.

(*La Comédie politique*, de Lyon, 16 janvier 1898.)

* Depuis la grande époque des Chevaliers de l'Éteignoir, de 1815 à 1820, la caricature française n'avait pas vu réapparaître ces instruments qui mettaient jadis nos aïeux en si joyeuse humeur.

L'éteignoir! c'est presque un revenant. Jadis il cadrait bien avec la fameuse chandelle; aujourd'hui, avec le gaz, l'électricité et tous les becs perfectionnés, il jure quelque peu.

L'éteignoir politique, à une époque de lumière scientifique, ce serait un comble.

Le Général de l'Ordre

VIVE LA COMMUNE, MESSIEURS !

Dessin de Couturier (*Au Jour le Jour, La Débâcle*, n° 1).

* Feuille volante, créée à propos de l'affaire Dreyfus, par M. Achille Steens. Au verso se trouve un article : *Rochefort-Fétiche* reproduisant la fameuse lettre de Rochefort au général Trochu (1ᵉʳ septembre 1871), et la réponse de ce dernier, ainsi que quelques explications sur un syndicat Rochefort à Francfort-sur-le-Mein qui, en 1874, publia *La Lanterne* en allemand et envoya au célèbre pamphlétaire le produit de la vente. L'histoire ne dit pas s'il accepta ou refusa l'argent... allemand.

14.

Première page du journal *Le Sifflet*, publication faisant suite à
La Débâcle (Composition de Ibels).

CARICATURES FRANÇAISES

AUX CHAMPS

— Tout ça, c'est point de la Justice, père Bridu, c'est d'la Politique!...

Dessin de F. Vallotton (*Le Sifflet*, 17 févr:er 1898).

(*La Chronique amusante*, 24 février 1898.)

FIAT LUX!

Caricature de Moloch (*La Chronique amusante*, 24 février 1898).

* Que la lumière soit! Et la lumière fut.

4. — Seigneur, mon Dieu, faites que les journaux ne publient pas des lettres de moi prouvant que j'ai trahi la France.

(*La Chronique Amusante*, 9 décembre 1897.)

CARICATURES ÉTRANGÈRES

JUSTICE RÉPUBLICAINE

Cedant armis..... toga.
(*Fischietto*, 22 février 1898.)

* *Les légendes ont été traduites dans leur intégrité alors même que le texte pouvait être considéré comme offensant pour nous.*

Comme pour la partie française les notes de l'auteur sont précédées d'une astérisque.

CHANGEMENTS DE RÉDACTION

Sur les conseils des autorités sanitaires parisiennes, la rédaction de l'*Intransigeant* a été transférée directement à Charenton dans une cellule capitonnée. Deux « aliénistes pour journaux » sont, jour et nuit, occupés à la surveillance des articles de fond de Rochefort. Les cellules attenantes sont réservées aux rédactions du *Jour* et de la *Patrie*.

(*Ulk*, de Berlin, 24 décembre 1897.)

* Les journaux qui ont reproduit avec force commentaires les appréciations du Dr Toulouse sur Zola auraient bien dû, également, pour l'édification de leurs lecteurs, donner quelques extraits des maîtres Karl Vogt, Lombroso et Max Nordau sur la maladie dont sont atteints certains de nos journalistes et qui touche de près à l'*épilepsie*.

FRANCE ET RUSSIE

(*Ulk*, 21 janvier 1898.)

* Dans l'idée du journal berlinois, la France serait en train de jeter du vitriol sur l'alliance franco-russe.

Une deuss! une deuss! nous arriverons bien, madame la Justice, à vous donner le bon pas (c'est-à-dire à vous mettre au pas).

(*Kladderadatsch*, de Berlin, 27 février 1898.)

* Il n'est pas sans intérêt de remarquer que le *Kladderadatsch*, chaque fois qu'il l'a pu, a critiqué en images amusantes l'*automatisme* du soldat prussien.

Ce *Charivari* prussien, qui va célébrer son cinquantenaire, n'oublie pas qu'il fut par ses images violentes un des promoteurs de la révolution berlinoises de mars 1848, née à la suite de nos journées de février. Et s'il a combattu violemment le second Empire et notre esprit chauvin, si même quelquefois il fut *gallophobe* sans raison, nous ne saurions oublier qu'il lutta toujours pour le progrès.

CONSPUEZ ZOLA

(*Ulk*, de Berlin, 4 février 1898.)

* Plus vous le conspuez, plus il grandira aux yeux du monde et de la postérité ; telle est la pensée graphiquement exprimée par le *Ulk*.

L'IMAGE VOILÉE... A PARIS

(*Ulk*, de Berlin, 18 février 1898.)

« Comme on peut le voir, ministres et généraux apportent tous des ballots d'étoffes pour mieux voiler la Justice dont on aperçoit encore trop les formes au travers des transparences de la gaze. L'image est assez drôle. Mais on est en droit de se demander si la justice allemande est tant que cela pour la grande lumière et si la phrase célèbre : *il y a des juges à Berlin* a toujours une actualité telle que sur les bords de la Sprée, seule, la justice ne soit jamais voilée.

CARICATURES ALLEMANDES

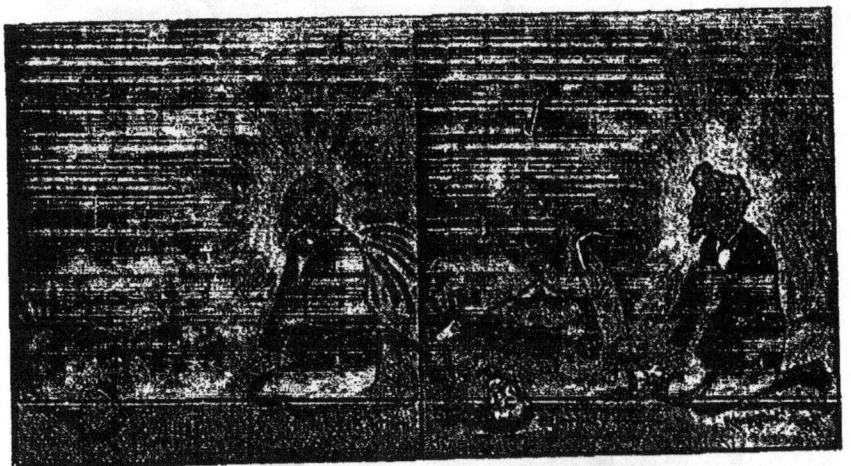

L'AFFAIRE DREYFUS VUE A LA LUMIÈRE DES PARTIS.

Version philosémite.   Version anti-sémite

Tableau d'après Sascha-Schneider : *Um eine Seele.*

(*Süddeutscher Postillon*, de Munich, n° 5.)

* Journal socialiste.

LA MARSEILLAISE DE LA JUSTICE MILITAIRE

Se chantant suivant l'ancienne manière de Rouget de Lisle et dans la plupart des États européens.

(*Ulk* de Berlin, 6 mars 1898.)

* Suit, en vers allemands, une amusante parodie de *La Marseillaise* arrangée au goût du jour, conformément au jugement de la Cour d'assises.

LE THÉATRE DREYFUS

La chute de Dreyfus est déjà venue sur les planches. Mais l'exposition des faits fut telle que Zola s'est vu forcé d'écrire une critique des plus virulentes sur la façon dont les personnages ont été mis en scène.

(*Lustige Blätter*, de Berlin, février 1898, n° 5.)

* Au premier plan Zola prenant des notes et Scheurer-Kestner sifflant.

* Cette caricature fait allusion d'une manière indirecte, est-il besoin de le dire, à l'affaire Dreyfus, jouée sur le théâtre politique des bords de la Seine. Mais à ce propos, il n'est pas sans intérêt de rappeler que l'affaire elle-même, considérée à tous les points de vue, par l'étranger, comme sensationnelle au plus haut degré, a été déjà portée plusieurs fois sur la scène de théâtres — non politiques — mais populaires, en Hollande et en Allemagne.

En Hollande, ce fut dès le mois de décembre 1897, et l'on n'a pas oublié qu'à ce moment une campagne de presse assez vive fut menée par certains journaux contre M. Hanotaux, coupable à leurs yeux de ne pas avoir exigé du gouvernement hollandais l'interdiction de la dite pièce. Mais alors l'opinion publique n'avait pas encore déraillé, et tout le monde comprit que c'était là pure folie, l'étranger étant libre de s'emparer d'une question politique pour la mettre à la scène et même de représenter Dreyfus en martyr. A nouveau (février 1898), l'affaire vient d'être mise au théâtre et jouée à Hambourg. Voici comment s'exprime à ce sujet *la Patrie :*

« Dreyfus est encore présenté comme un martyr ; mais cette fois la pièce se joue en Allemagne. Rien de plus naturel.

« Le public hambourgeois aurait fait un grand succès à ce mélodrame, applaudissant surtout les passages où notre armée est insultée. S'il faut en croire certains journaux, à la sortie, les spectateurs auraient manifesté en faveur de Zola.

« La pièce sera très prochainement jouée à Berlin. »

Ajoutons qu'en Belgique et en Suisse l'actualité dreyfusienne est également portée à la scène. Anvers doit représenter le drame de M. Van Sprinkhuyzen, *Dreyfus of de Martelaar van hat Duivel seiland,* au sujet duquel l'auteur-acteur a déclaré lui-même avoir fait œuvre ne blessant personne, « bien au-dessous des accusations de Zola, et *tenant haut l'honneur de la France et de l'armée* partout où l'action lui en a donné la faculté ».

ÉMILE ZOLA ET LE PRISONNIER DE L'ILE DU DIABLE

Pour la seconde fois, il arrive au prisonnier de l'île du Diable que l'encrier lui est jeté à la tête par un caractère héroïque.

(*Lustige Blätter*, de Berlin, février 1898, n° 7.)

« Envoyé au diable, à l'île du Diable, le diable m'emporte si j'y comprends quelque chose, dit un journal satirique allemand qui, comme tous ses congénères, aime à se servir de la langue française et ne craint ni les jeux de mots, ni les calembours. Et les *Lustige Blätter* font observer qu'il y a toujours quelque chose de diabolique dans les affaires et les hommes de France, puisque, au commencement du siècle, le diable pour toute l'imagerie européenne, c'était Napoléon. Même remarque à propos de l'attraction exercée par les îles sur un peuple continental : la Corse, l'île d'Elbe, Sainte-Hélène, et, à la fin du siècle..., l'île du Diable.

Voilà pour le Diable et son rôle dans l'histoire. Mais cette image, en admettant même qu'on reste à un point de vue élevé, présente ceci d'assez amusant, d'assez curieux qu'elle est l'interprétation par le crayon de la caricature politique, d'une composition dessinée pour l'industrie, et pour qu'on s'en puisse mieux rendre compte, je la reproduis ici.

Annonce pour un fabricant d'encre et de plumes, à Berlin, ayant servi au dessinateur politique.

Dans l'annonce comme dans l'image politique, c'est l'encre qui se renverse et que l'on envoye au diable. Et, de toute façon, ce qui est intéressant, c'est de voir une image destinée à la publicité venant inspirer une caricature d'actualité. Le contraire s'était déjà vu quelquefois, mais je ne crois pas que chose pareille se soit encore présentée.

Bref, ce n'est plus comme autrefois, le monde renversé, mais bien l'encrier, ici aux pieds, là à la tête.

Et, du reste, tout est noir, tout est diabolique en cette affaire. Ce n'est pas seulement : que de papier ! que de papier ! mais aussi : que d'encre ! que d'encre !

L'ÉTERNEL FÉMININ

« Cherchez la femme » crie l'humanité entière, quand une affaire de cette nature surgit. Cette fois, cependant, la chose se présente différemment. On voit bien la femme, mais on cherche l'homme.

(*Lustige Blätter*, de Berlin, 24 décembre 1897.)

* En d'autres termes, où est le vrai coupable? puisque la seule chose qui, aux yeux des Allemands, semble ressortir clairement de tout cela, c'est qu'il y a des affaires de femmes par dessous. Comme bien on pense, et comme l'image se charge, du reste, de le montrer, ce n'est pas sans un certain plaisir que les *Lustige Blätter* saisissent l'occasion de jeter un peu de ridicule sur la France. Notre légèreté, nos emballements sont toujours sévèrement appréciés, et toute cette affaire n'est point faite pour nous rendre le prestige perdu.

EMILE ZOLA LE NOUVEAU WINKELRIED

— Voyez de quel bras vigoureux je tiens toutes ces lances embrassées : que je triomphe ou que je succombe, j'ouvrirai un chemin à la vérité !

(*Lustige Blätter*, de Berlin, février 1898, n° 6.)

* Allusion à la courageuse initiative d'Arnold de Winkelried à la bataille de Sempach (1386) qui, au prix de sa vie, ouvrit aux confédérés suisses un chemin à travers les lances autrichiennes. Quoique cette action d'éclat soit connue, il n'est peut-être pas inutile de la rappeler ici ; j'en donne donc le récit d'après l'historien Gaullieur : « Un homme du pays d'Unterwald, Arnold Strutthan de Winkelried, chevalier, dit à ses compagnons d'armes : « Je veux vous frayer un chemin », s'élance hors des rangs, s'écrie à haute voix : « Prenez soin de ma femme et de mes enfants, chers et fidèles confédérés, souvenez-vous de ma famille » ; il atteint l'ennemi, embrasse quelques lances, les enfonce dans sa poitrine et, grand et vigoureux, en tombant il les entraîne avec lui sur la terre. Soudain ses compagnons passent sur son corps, tous les bataillons des confédérés arrivent impétueusement, pressés les uns derrière les autres. » — L'on sait le reste ; la victoire fut aux Suisses.

Or, de même que Winkelried ouvrit un chemins aux siens à travers les lances ennemies, de même Zola en venant s'offrir au jugement de la Cour et à la vindicte publique a fait le sacrifice de sa personne pour ouvrir aux autres le chemin de la vérité et de la justice.

Telle est du moins l'opinion des *Lustige Blätter* aux yeux desquelles le courage moral est tout aussi méritoire que le courage physique. Lutter contre une foule ameutée demande autant de grandeur d'âme, d'abnégation de soi-même, qu'offrir sa poitrine aux lances ennemies.

LE PÊCHEUR ET L'ESPRIT

— Voyons, si nous examinions une fois l'affaire Dreyfus.

Dieu juste ! A l'aide ! Au secours !

(*Deutscher Michel*, de Berlin, 20 février 1898).

* En voulant rouvrir cette affaire, les juifs ont soulevé contre eux l'esprit antisémite qui depuis longtemps bouillonnait et qui ne demandait qu'une occasion quelconque pour se manifester. — Voilà ce que le crayon du *Deutscher Michel* exprime clairement à l'aide de cette image.

Le journal satirique allemand estime que les israélites ont voulu se rendre compte de leur influence réelle en France et que, comme dans certain conte d'Hoffmann, ils ont été pris à la gorge par le vieil esprit qui toujours veille et toujours se soulèvera lorsqu'ils voudront reprendre leur prépondérance d'autrefois.

Traite, signée par Zola, présentée par un Français qui s'ennuyait à une caisse publique.

(*Deutscher Michel*, 6 mars 1898.)

* Zola avec l'affaire Dreyfus cherchant l'Académie trouve la prison.

CARICATURES ALLEMANDES 181

DANS LA CHAMBRE DES ENFANTS A PARIS.

— Je ne veux pas, na !

(*Jugend*, de Munich, 12 février 1898.)

* Je ne veux pas, na ! Et maman Justice a beau le tenir, c'est absolument inutile. Il ne veut pas, l'enfant terrible politique, une suite qui manque à l'œuvre de Gavarni et qui serait pourtant bien amusante. Sur ce point, je suis de l'avis de *Jugend*. Kaulbach, le grand Kaulbach avait un jour esquissé le plan de tout un cycle de caricatures dans cet esprit en partant du point de vue, justement, que les politiciens sont de grands enfants par leur entêtement et leur parti pris surtout. Est-il besoin de faire observer que *Jugend*, journal d'un sens artistique très élevé, publié par George Hirth, le grand éditeur d'art, descendant d'une famille de réfugiés français, ne se livre jamais à des caricatures malséantes à l'égard de la France.

L'AFFAIRE DREYFUS ET L'IMAGE

PLUS FORT QUE L'ÉPÉE

Zola, le nouveau croisé, prenant la plume pour Dreyfus.

« Depuis le commencement, cela a été la terrible vérité. Cachotteries, rien que des cachotteries, encore des cachotteries. Un nouveau chapitre s'ouvre aujourd'hui ! — Je ne dormirai pas que je n'aie fait le possible pour pousser la France à réparer cette affreuse erreur. » Paroles de M. Zola dans une interview publiée par *The Star*.

(*Morning Leader* de Londres, 17 janvier 1898.)

* Je donne ici une image de quotidien illustré, nombre de grands journaux anglais accordant, comme on sait, une place au graphique.

LA VÉRITABLE DAME VOILÉE

La Justice. — Pourquoi mes portes sont-elles fermées?

(*Punch*, de Londres, 22 janvier 1898.)

LE BOUC ÉMISSAIRE DE DREYFUS

D'après *la longue route,* le tableau célèbre de Holman.

(*Punch*, de Londres, 29 janvier 1898.)

* Les Anglais ont surtout portraituré Zola quoique jusqu'à ce jour le portrait-charge en couleurs que la *Vanity Fair* accorde toujours aux personnages que l'actualité met en vue d'une façon transcendante, soit encore à venir. Aussi sont-ce surtout des petits portraits, des petites images en manière de vignette, et nullement les grandes compositions qu'on eût été en droit d'attendre. On verra, par un des dits portraits ici reproduits, que la tradition du porc comme animal symbolique du grand écrivain a également passé le détroit et que les Anglais ne se font point faute de le *porciner*.

Mais, mouton ou bouc émissaire, ce n'est pas de trois pieds seulement, mais bien de ses quatre pieds, qu'il s'est enfoncé dans l'affaire Dreyfus.

Toutefois, si l'image le caricature, le texte le défend et l'on ne lira pas sans intérêt l'article suivant du *Moonshine*, intitulé : *Moonshine à Paris.*

« Il y a quelques années, les gens d'intelligence ordinaire étaient quelque peu abasourdis de voir que la nationalité de M. Gladstone avait la faculté de varier suivant la province dans laquelle se trouvait l'homme d'État. Cette ubiquité en ce qui concerne la patrie n'est pourtant pas particulière au grand vieillard, car il est à remarquer que Zola, il y a peu de temps encore, acclamé de toutes parts, comme une des gloires de la France, est, depuis qu'il s'est fait le champion du prisonnier de l'île du Diable, dédaigneusement appelé *Cet Italien*. Et où serait donc l'affront d'appartenir à une nationalité étrangère ou d'avoir un nom étranger ; il est assez difficile de l'indiquer. Si nos voisins étaient logiques, il faudrait s'attendre à les voir conspuer, maintenant, Sarah Bernhardt et Reichenberg.

« Et que dire de cet Italien, Gabriel d'Annunzio, dont la *Ville Morte*, à la Renaissance, était au même moment le sujet de toutes les conversations. Et Gambetta ne serait-il donc qu'un barbare étranger pour le parti conspueur d'aujourd'hui ?

« La France pour les Français », a meilleur air que *V'là un étranger, jetez-y un pavé de notre charbonnier*, mais politesse française à part, il paraît que cela se vaut.

« La fièvre patriotarde, dont la presse parisienne est atteinte en ce moment — l'année passée la maladie à la mode était le délire russophile — a suggéré au directeur d'un journal quotidien l'idée de proscrire à l'avenir de ses colonnes, tout mot d'origine étrangère, et particulièrement d'origine anglaise. Deux mots d'un usage constant, *interview* et *reporter* deviennent *entrevue* et *reporteur*, mais comme, dès le paragraphe suivant, on voyait apparaître *speechs* et *toasts*, il est à craindre que la richesse de la langue ne puisse pas suffire au désir d'un patriotisme aussi exigeant.

ZOLA BRANDISSANT SA PLUME
(Caricature du *Moonshine*, de Londres.)

L'ANIMAL APPROPRIÉ A ZOLA
(D'après le *Monde animal de M. Punch*.)

16.

Ces vignettes accompagnent un amusant dialogue comique entre Zola et le reporter, que nous croyons devoir reproduire pour bien montrer la note de l'esprit satirique anglais, en la circonstance.

Le Reporter. — Bonjour M'sieu.

Zola. — Il n'y a plus de bonjour; il n'y a que des mauvais jours.

Le Reporter. — Du calme, M'sieu Zola, du calme; vous avez, pour vous, tous les esprits droits de l'Europe.

Zola. — Oui, mais pensez à ce que j'ai perdu. Une si belle situation dramatique. Chapitre I. Le scélérat Esterhazy et le héros Dreyfus, le héros injustement accusé et jeté en prison... Ça commence toujours comme ça.

Le Reporter. — Excellent prologue, M'sieu.

ZOLA BÉBÉ
Premiers gribouillages.

ZOLA AUJOURD'HUI
La plume en face du gourdin.

ZOLA DANS L'AVENIR
Projet de statue pour toutes les villes de France.

Zola. — Puis l'homme riche arrive, et dit au héros : courage, *mon ami*, je vous sauverai.

Le Reporter. — Vous êtes l'ami, naturellement.

Zola. — Bien sûr. Alors, je disais : « Il a été injustement condamné, j'ai la preuve. »

Le Reporter. — C'est un peu rebattu, mais, enfin, avec votre talent !

Zola. — Et les gredins m'ont volé la situation. Produisez le document, criai-je, et voilà ma preuve. Et ils restent muets.

Le Reporter. — Qui ne dit rien consent.

Zola. — Oui! mais s'ils avaient parlé, on crierait : *Vive Zola!* tandis que l'on crie : *A bas Zola!* Et dire qu'il y a huit jours j'étais *le grand Zola*. Mais j'écrirai mon roman, quand même, je publierai le document que je n'ai pas vu, et le public pleurera et l'on m'élèvera des statues.

Le Reporter. — Mais si vous ne l'avez pas vu?

Zola. — Ne suis-je pas romancier ? Mon roman était tout fait; ces brutes m'en ont pris les plus belles pages, mais je les referai. Jadis, déjà, les critiques ont essayé de m'étouffer, puis mon réalisme les a empoignés et ils ont loué mes œuvres.

Le Reporter. — Le fait est que vous les meniez par le bout du nez.

CARICATURES ANGLAISES

Zola. — Je les conquerrai à nouveau ; on criera encore *Vive Zola !* quand on aura oublié les *cannibales* qui m'ont condamné : *Vive Zola, le romancier réaliste !*

Le Reporter. — Certainement, M'sieu, *Vive Zola*, et son nouveau roman.

INTERVIEWS DU PICK-ME-UP
(*Pick-Me-Up*, 5 mars 1898.)

LA LOI MARTIALE. — L'EXÉCUTION DE... LA LIBERTÉ
(*Moonshine* de Londres, mars 1898.)

* Après Zola, chevalier du droit, après la Justice cherchant à ouvrir les portes du Conseil de guerre, voici le militarisme tuant la liberté. Du moins c'est la thèse exposée par les images londoniennes se plaçant comme je l'ai déjà remarqué, à un point de vue purement anglais. A vrai dire, — et il en est ainsi de presque toutes les compositions du *Moonshine* — les illustrations satiriques de nos voisins ont une certaine ampleur qu'on chercherait vainement dans nos satires crayonnées au jour le jour. Alors que nos images s'élèvent rarement au-dessus de la conception d'un article graphique, exprimant par le trait ce que les autres expriment par la plume, les images anglaises, sérieusement pensées, visent au tableau, on pourrait presque dire au tableau d'histoire. Souvent, du moins, c'est le cas.

Assurément, notre conception de la Liberté n'est point celle des Anglais, pas plus qu'elle ne semble être — les images ici reproduites, nous le prouveront — celle des Hollandais et des Suisses ; car l'opinion publique anglaise se résume en ce mot : « Les Français peuvent être et rester longtemps en République, mais ils ont dès à présent rompu avec le régime de la Liberté. » Après tout, Liberté ici n'est pas Liberté là-bas.

Et puis, est-ce que tout, en ce monde, n'est pas relatif ?

LE GOUFFRE DE LA LIBERTÉ FRANÇAISE

O déesse de la Justice, pense Zola, la cécité ne te saurait convenir, et, ce disant, il lui arrache aussitôt le bandeau des yeux. Il sait, l'épée flamboyante en main, ce qui est arrivé récemment, de quelle façon l'on cherche en France à étouffer la Loi et le Droit. On attache solidement le petit Dreyfus, on le jette sur un rocher. Quant au grand Esterhazy, on le laisse librement courir.

(*Saphir's Witzblatt*, de Vienne, 23 janvier 1898.)

* Sur l'épée de Zola on lit : le droit à la vérité.

CARICATURES AUTRICHIENNES

LA FRANCE SUR SON DREYFUS EST AUSSI A SON AISE
QUE LA PYTHIE SUR SON TRÉPIED

(*Figaro*, de Vienne, 4 Décembre 1897.)

* Au premier plan, les juifs autour de la Bourse, un vase quelque peu malpropre. Dessous le trépied le procès Dreyfus auquel Scheurer-Kestner met le feu. A droite, sur le devant, M. Chauvin aiguisant son sabre et les pistolets d'Esterhazy.

Calembour sur Dreyfus et trépied.

LA FRANCE ET L'ARAIGNÉE

(*Figaro*, de Vienne, 29 janvier 1898.)

* L'araignée, c'est le syndicat Dreyfus.

CARICATURES AUTRICHIENNES

LE CAPITAINE BARBE-BLANCHE A L'ILE DU DIABLE (1997)

Capitaine Barbe-Blanche. — Sont ils enfin arrivés, à Paris, à la revision de mon procès ?

Les gardiens — Pas encore.

Capitaine Barbe-Blanche. — En ce cas, je puis encore dormir paisiblement un siècle.

(*Der Floh*, de Vienne, janvier 1898. — N° 1.)

* Image visant directement les lenteurs de la justice en France. « Si le Juif-Errant, dit notre *Puce* viennoise, avait pu être ainsi jugé et condamné, il eut joui au moins des bienfaits de la stabilité. » Et le même journal ajoute : « Heureux celui qui vit loin des hommes : tous s'agitent pour lui, lui seul jouit réellement du calme complet. »

LA NOUVELLE PUCELLE DE FRANCE

La France moderne a trouvé en la divette Yvette Guilbert une nouvelle Pucelle, qui saura la mener à la victoire contre la Tolérance et contre le Progrès.

(*Der Floh*, de Vienne, janvier 1898. — N° 3.)

BAL MASQUÉ EUROPÉEN

Le choix des dames de Paris. La République est folle de ce coquin de major et elle ne veut pas lui laisser un instant de repos.

(*Der Floh*, de Vienne, janvier 1898. — N° 3.)

* Les caricaturistes autrichiens en sont toujours au major de la *Vie Parisienne*.

LE GENTILHOMME ESTERHAZY

— Tu peux bien, enfin, faire tomber le voile qui couvre ton anonymat ; me voici retraité.

(*Der Floh*, janvier 1898. — N° 4.)

CARICATURES AUTRICHIENNES

LES NOUVEAUX BOULANGER
Il n'y aura pas de repos en France tant que le tanneur qui est à la tête de la République ne se sera pas décidé à battre la générale... sur le dos des généraux.
(*Der Floh*, de Vienne, janvier 1898. — n° 4.)

COLLIN-MAILLARD A PARIS
Faut-il donc que ce soit juste moi que vous attrapiez, vieille dame ?
(*Humoristische Blätter*, de Vienne, février 1898.)

LA COMÉDIE EN FRANCE

Le régisseur (derrière les coulisses). — Pas encore, patientez, sire, ce sera bientôt votre tour.

(*Der Floh*, de Vienne, février 1898. — N° 5.)

* Image faisant allusion au trouble profond de la France et laissant entrevoir la possibilité d'une restauration monarchique préparée par l'influence du clergé. La même idée sera exprimée par d'autres journaux étrangers notamment en Suisse; l'armée tirant le sabre et le roi intervenant pour rétablir l'ordre, tandis que le droit et la justice se trouveront à nouveau foulés aux pieds.

Telle est du moins la perspective entrevue par certains crayons et il importait d'en tenir compte puisque, en ce recueil, je me suis donné pour mission de noter toutes les impressions graphiques.

DEUX LUMIÈRES DU MONDE LITTÉRAIRE PARISIEN

C'est à l'homme de la parole d'honneur qu'incombera, espérons-le, la tâche d'éclairer l'homme du mensonge.

(*Der Floh*, de Vienne, février 1898 - N° 5.)

* Pourquoi l'étranger n'aime-t-il point Rochefort, pourquoi suit-il avec intérêt l'œuvre de Zola? La raison est simple. Pamphlétaire, démolisseur, homme d'un esprit absolument local, entièrement parisien, fermé à toute grande conception d'idées, se contentant du reste d'amuser et de faire rire la galerie, Rochefort ne peut être compris des étrangers, ni comme homme, ni comme écrivain. Zola, au contraire, homme de méthode, de précision, de documentation, a ce qu'il faut pour attirer l'attention des esprits sérieux dans tous les pays. C'est un scientifique, alors que Rochefort est un fantaisiste qui a introduit dans la politique le vaudeville et l'opérette.

D'où la raison d'être des appréciations extérieures.

ILE DU DIABLE N° 2

— Eh bien, M. Zola, ici vous allez pouvoir vous installer comme chez vous. Vous ne pourrez parler à personne, mais écrire tant que vous voudrez : naturellement votre manuscrit ne sera expédié que sous forme de la copie que nous aurons eu soin d'en faire prendre.

— Trop aimable! Dans ces conditions, je m'épargnerai les frais du copiste.

(*Der Floh*, de Vienne, février 1898 – N° 6.)

* Cette vignette pourrait s'appeler : les charmes de l'Ile du Diable ou les agréments d'une correspondance *passée à tabac*.

En tout cas *Der Floh* pense que si le tableau qu'il donne ici pouvait être l'image de la réalité prochaine, ce ne serait point fait pour déplaire à Messieurs les militaires qui ne pardonneront jamais à Émile Zola d'avoir gravé pour l'éternité leur *Débâcle*.

LE CADENASSAGE DES BOUCHES EN FRANCE

Rochefort à Esterhazy. — Cet honorable imbécile veut arriver à la vérité à l'aide de clefs loyales. Semblables serrureries d'art ne peuvent s'ouvrir, chez nous, qu'avec les instruments dont nous disposons, seuls, — c'est-à-dire avec des pinces-monseigneur.

(Der Floh, février 1898 - N° 7.)

* Les trois personnages cadenassés sont MM. Casimir Périer, Félix Faure et Méline.
« Honorable imbécile ! » — Le *Floh* avait précédé dans ce domaine l'*Intransigeant* qui, le 25 février, appréciant le verdict du tribunal estime que Zola se trouve être le dindon de la farce.

LE MERCREDI DES CENDRES A PARIS

La griserie (textuellement les *jérémiades de chat*, état particulier des lendemains d'orgie) a été si grande que presque tout le monde officiel prend part au banquet des harengs (mode viennoise) — c'est-à-dire fera maigre.

(*Der Floh*, de Vienne, février 1898 - N° 8.)

* Allusion à la griserie produite sur un certain public par les déclarations du général de Boisdeffre devant le Cour d'assises. Au premier rang Félix Faure conduisant la R. F. — A remarquer que tous les invités, même les civils, sont coiffés de képis militaires.

L'ACQUITTEMENT D'ESTERHAZY

A été un bonheur pour Félix Faure et pour ses généraux, sans cela on serait arrivé à une réhabilitation de la vie de Dreyfus qui, pour faire pendant à sa dégradation, n'aurait pu se produire que sous cette forme.

(*Kikeriki*, de Vienne, 16 janvier 1898.)

VIVE LE SYNDICAT DREYFUS

Kikeriki. — Bravo, frère Mathieu, bravo Zola, ça c'est bien ! Versez de l'huile seulement, afin que le feu anti-sémite puisse s'étendre partout pour tout purifier.

(*Kikeriki*, de Vienne, 27 janvier 1898.)

De France on annonce une augmentation des troupes, augmentation qui sera accueillie avec joie, en Autriche notamment, notamment celle des troupes destinées à protéger les Juifs.

(*Kikeriki*, de Vienne, 16 décembre 1897.)

ISRAEL ENCORE UNE FOIS REPOUSSÉ

Les juifs parisiens. — Malédiction ! L'argent n'a donc plus aucune puissance.

(*Kikeriki*, 20 janvier 1898.)

LE ROULEAU DE PAPIER SANS FIN

Ce que les Juifs me font subir c'est effrayant : je devrai leur en demander compte.

(*Kikeriki*, 3 février 1898.)

TENEZ, VOYEZ, VOILA QUI EST DU BON ZOLA

Zola sur son cheval de bataille veut montrer à la Justice comment doit se tenir la balance.

(*Kikeriki*, de Vienne, 6 février 1898.)

« SEUL, UN BRAVE CHRÉTIEN PEUT ÊTRE UN BRAVE SOLDAT »

— Vous le voyez bien, *Kladderadatsch*, que l'Empereur a raison! Celui-là, le diable l'a emporté, sans s'être fait un nœud à la queue.

(*Kikeriki*, 10 février 1898.)

* On sait que le *Kladderadatsch* a été condamné pour s'être permis de blaguer le mot de Guillaume ici reproduit comme légende. Dans une vignette, il avait représenté le diable se faisant un nœud à la queue pour ne point l'oublier.

A PROPOS DU PROCÈS ZOLA

— *Kikeriki*. — A mes plus grands ennemis je ne souhaite aucun procès de longue durée, et spécialement à vous, Zola.

(*Kikeriki*, 13 février 1898.)

* Et sur ce, *Kikeriki* entr'ouve galamment à Zola le panier à salade.

LES INNOCENTES JEUNES VIENNOISES QUI ONT SIGNÉ L'ADRESSE
A ZOLA.

(*Kikeriki*, de Vienne, 17 février 1898.)

* Cette vignette du *Kikeriki* fait allusion à l'initiative prise par un groupe de jeunes filles appartenant à tous les mondes de la société viennoise de l'envoi à l'écrivain français d'une adresse conçue en ces termes :

« A Émile Zola, les jeunes filles de Vienne.

« Les jeunes filles de Vienne soussignées, qui ne connaissent de la vie que ce qui est bon, beau, noble et vrai, sont profondément émues en pensant à vous. Elles sont remplies d'une vive admiration pour votre magnanime sacrifice et votre courage incomparable dans la lutte qui est engagée pour le triomphe du droit et de la vérité. Avec l'expression de leur sympathique enthousiasme, elles vous envoient du fond du cœur leurs meilleurs vœux pour le succès de votre cause, qui restera écrite en lettres ineffaçables dans les annales de l'humanité.

« Vienne, 4 février. »

Suivent cinq cents signatures.

Le *Kikeriki* qui, en sa qualité d'organe allemand anti-sémite, a forcément dû prendre parti contre Zola dans un pays où la haine de race se trouve doublée d'antipathies religieuses, a protesté avec tout un groupe de femmes et de jeunes filles chrétiennes contre cette adresse, et employant l'arme de la caricature il a dépeint sous les traits ci-dessus, c'est-à-dire avec des nez et des mentons outrageusement hébraïques, les jeunes filles « éprises du bon, du beau, du noble et du vrai.»

Rien que de normal et de parfaitement correct en cette petite guerre. Mais *la Patrie*, qui avait donné la nouvelle d'après un journal belge — un vrai chauvin ne devant pas savoir l'allemand — a cru devoir faire suivre ledit récit des appréciations suivantes :

« Quant aux « jeunes filles de Vienne » dont il est question, il s'agit, à n'en pas douter, des aimables personnes que l'on voit, dès le matin, faire le trottoir au Graben et dans les environs de la cathédrale. Celles-là seules peuvent s'intéresser à Zola : toutes les filles publiques de la capitale autrichienne ont lu *Nana* et *Pot-Bouille*.

C'est charmant. On ne saurait mieux tenir le vieux drapeau de la politesse, de la galanterie française, et les jeunes Viennoises, chrétiennes ou non, doivent être sous le charme :

Ab uno disce omnes.

TABLEAU FINAL DU PROCÈS ZOLA DEVANT LA COUR D'ASSISES

(*Jugement anticipé du Kikeriki.*)

La Croix, la Vérité triompheront. A terre, défoncé, gira le sac d'écus.

(*Kikeriki*, de Vienne, 17 février 1898.)

LE JEUNE ANTISÉMITISME EN FRANCE

Kikeriki. — Tous mes respects, il pourra devenir un gas, pour peu qu'il s'exerce.

(*Kikeriki*, 20 février 1898.)

* Sur les colliers des chaînes que l'antisémistisme brise ainsi d'une poigne vigoureuse on lit : *Corruption, Puissance juive.* On ne peut pas dire : *Il grandira, car il est Espagnol,* mais bien : il grandira, parce que le mouvement antisémite est la conséquence forcée du pouvoir accordé pendant trop longtemps à la puissance de l'argent, parce que nos politiciens ont soutenu la prépondérance juive pour pouvoir, eux aussi, se gorger d'argent... quoique chrétiens.

18.

UN AVERTISSEMENT POUR TOUTES LES NATIONS DU CONTINENT.

Kikeriki. — Mais, madame la France, vous ne pourrez pas, toute seule, briser ce faisceau sur vos genoux ?

(*Kikeriki*, 24 février 1898.)

Zola est sorti de son procès en homme d'honneur.

(*Kikeriki*, 24 février 1898.)

La chaudière des sorcières bouillante de passion, vient d'être placée en France sur trois pieds. Le sénateur Scheurer-Kestner remue avec soin. A la fin il en sortira quelque rôti Esterhazy dont les vapeurs pénétreront désagréablement dans le nez de certains officiers supérieurs.

(*Humoristiche Blätter*, de Vienne, 28 novembre 1897.)

* Dreyfus *trépied, trois pieds*; à Vienne comme à Berlin, on a joué sur ce jeu de mots, on a usé du calembour. « Si en France tout est boiteux, c'est parce que tout repose sur trois pieds, et la Trinité qui peut convenir aux choses de l'Eglise ne convient nullement aux choses gouvernementales qui ont besoin de reposer sur des bases plus solides. »

— Madame me paraît passer des nuits sans sommeil? Sans doute à cause des petits animaux à six pieds?
— Non... trois pieds.
— S'il en est ainsi j'ai, pour cela, un remède souverain!

(*Humoristische Blätter*, de Vienne; 13 décembre 1897.)

* C'est à nouveau un jeu de mots sur *Dreifus*. Le remède que Scheurer-Kestner lance à la R. F. à l'aide d'un vaporisateur, c'est la revision du procès.

Il est à remarquer que l'imagerie étrangère affectionne représenter cette pauvre R. F. troublée dans ses nuits et cherchant en vain un sommeil qui ne veut point venir. Autrefois, c'était le souvenir de son bon ami le Russe qui lui enlevait tout repos; maintenant, c'est la revision du procès Dreyfus. Et les organes satiriques se livrent à mille plaisanteries sur cette bizarre trinité et sur le chiffre fatidique 3, à tel point que les petites annonces viennoises recommandent aux ménagères de ne plus jamais se servir de *trépieds* dans leur cuisine. Oh, Dreyfus, Dreyfus!

LE PROCÈS ZOLA

La France. — Maintenant, Zola pourra écrire *Le juré*, un long roman de mœurs.

Zola. — Oui, avec la différence, toutefois, qu'avec ces messieurs on peut espérer que le procès sera plus court.

(*Humoristische Blätter*, de Vienne, 23 janvier 1898.)

*La R. F. trinquant, *cocottant*, suivant l'expression allemande, avec des militaires, ça fait toujours plaisir, à Vienne comme à Berlin.

CARICATURES AUTRICHIENNES

— Sapristi, vieux, vous n'aurez plus besoin de mendier, je vous ai trouvé un brillant engagement.

— *Le mendiant* : Pour moi, un aveugle ?

— Oui, certes, comme rapporteur-modèle du conseil de guerre.

(*Humoristische Blätter*, 30 janvier 1898.)

LE COMBAT POUR LE DROIT ET POUR LA LOI EN FRANCE

La Justice. — Je donne ma démission, prends l'épée et combats pour moi.

La Révolution. — Un combat sans grand espoir.

(*Humoristische Blätter*, de Vienne, 20 février 1898.)

* La Révolution ! Les *Humoristische Blätter* disent ainsi bien haut, ce que d'autres pensent tout bas.

L'idée, en somme, est qu'il faut en revenir aux principes de 1792 si l'on ne veut voir sombrer, à nouveau, les principes du droit et de la légalité.

LE PROCÈS ZOLA

Le général de Pellieux cherchant à influencer les témoins. — Bertillon l'expert sorti de l'encrier. — Labori obligé de fortement *Labori...re*. — Parbleu ! chère France, il me semble que l'eau est encore quelque peu sale du Panama. — Esterhazy, le grand silencieux de l'état-major : ne point confondre avec de Moltke. — Enfin un commandement des généraux français ayant rencontré le succès. — Plan Bertillon pour l'explication des écritures. — Zola prenant la liberté d'écrire dans sa prison un roman dont ne se relèveront pas messieurs de l'état-major.

(*Humoristische Blätter*, de Vienne, 27 février 1898.)

PAUVRE RÉPUBLIQUE

(*Neue Glühlichter*, de Vienne, 17 février 1898.)

* Les *Neue Glühlichter* qui ont succédé aux *Glühlichter* (lumière flamboyante) sont l'organe du parti radical-socialiste autrichien. Quoique s'occupant surtout, comme les organes socialistes de l'Allemagne du sud, de politique intérieure, ils n'ont pas cru, en présence d'une question aussi grave, devoir, comme ces derniers, garder le silence. Et cette image montre de quelle façon ils interprètent l'affaire Dreyfus. Pour eux, comme pour les Anglais, comme pour les Hollandais, c'est la République, c'est le pouvoir civil qui est mis en croix pour le plus grand bonheur de l'armée et du clergé dansant tout autour de la grande crucifiée une véritable sarabande de sauvages.

On peut en conclure ce qu'on voudra. C'est en tout cas une note sincère dégagée de toute influence extérieure.

LIEU DE PLAISIR PARISIEN

Le soldat et le prêtre. — Si nous grisons Marianne, elle est à nous.

(*Borsszem Jankó*, de Budapest, 30 janvier 1898.)

*A Budapest, on est encore plus content qu'à Vienne, quand on peut mêler la pauvre R. F. à quelque scène d'orgie. Du reste, de plus en plus décolletée, de moins en moins correcte, Nana, quand elle quitte Vienne pour la Hongrie, perd toute retenue. Il ne faut point lui en vouloir : c'est l'air ambiant qui produit cet effet sur elle. Mais là-bas aussi toute l'affaire actuelle apparaît comme un complot monté par l'armée et le cléricalisme. Et *Borsszem Jankó*, lui, estime que dans leur for intérieur, les cléricaux doivent bénir Zola de leur avoir fourni une telle aubaine. — Je traduis sans autre commentaire.

ROMAN DE LA VIE DES PRISONS, ÉCRIT PAR ZOLA
« ZOLA EN PRISON »

(*Borsszem Jankó*, de Budapest, 13 février 1898.)

Roman de la vie des prisons ! Le livre à faire, le livre, sans doute, qui sera fait sous une forme quelconque par l'éminent écrivain lorsqu'il lui faudra occuper ses loisirs. L'idée, la préoccupation littéraire après la préoccupation politique ! A vrai dire, cette image ne fait plus partie de l'affaire Dreyfus. Mais comme sans cette maudite affaire, Zola n'aurait sans doute pas eu l'occasion de se faire mettre à l'ombre, elle n'en doit pas moins figurer en ce recueil.

LE PREMIER NÉ

La sage-femme (au petit père moscovite). — Réjouissez-vous, monsieur, le premier fruit de votre union vous ressemble de façon frappante.

(*Borsszem Jankó*, de Budapest, 20 février 1898.)

* Allusion à l'antisémitisme qui fleurit en Russie et qui semble avoir été, jusqu'à présent, la conquête la plus claire, et de l'affaire Dreyfus, et de l'alliance franco-russe. Le *Borsszem Jankó* est, je crois, le seul journal qui ait exprimé cette idée. On sent que la Hongrie est proche de la Russie et que l'inimitié est vive entre ces deux peuples qui se touchent.

ZOLA HERCULE
De cette façon, le mythe devient Vérité.
(*Ustökös*, de Budapest, 13 février 1898.)

* Zola couvert de la peau du lion cherchant à abattre avec sa massue l'hydre aux cent têtes renaissantes du militarisme.

LE DERNIER ROMAN DE ZOLA

* *Banquier Blauschild*[1]. — Monsieur Zola, vous avez une plume d'or. Prêtez-la pour la délivrance de ce Dreyfus d'or et vous serez un homme d'or. Comme d'un autre Voltaire fin-de-siècle, on dira de vous que vous avez réveillé la conscience de la France.
Zola (devant le jury). — Au nom de l'humanité lésée, au nom de l'éternelle justice, j'accuse tout l'état-major général de l'armée française d'avoir injustement condamné l'innocent Dreyfus. Conscience de la France, dors-tu ?

(*Sipy*, de Prague, février 1898.)

1. *Blauschild* (écusson bleu) pour *Rothschild* (écusson rouge).

LE VRAI NATURALISME

Émile Zola. — Pardon, cher M. Faure, vous jugez constamment à huis clòs. Je suis donc bien obligé d'entrer par là.

(*Ustökös*, de Budapest, 23 janvier 1898.)

* Depuis les voyages franco-russes, les journaux hongrois, très occupés chez eux, avaient quelque peu laissé la France au second plan. Il a fallu que Zola cassât les vitres pour qu'ils s'aperçussent qu'il y avait dans le monde une affaire Dreyfus. *Ustökös* s'est montré presque toujours favorable à la France et l'acte révolutionnaire accompli par Zola ne semble point l'avoir rendu *anti-zolatiste*.

LE MASQUE DE L'ILE DU DIABLE
Un ardent petit bal à l'Opéra républicain.
(*Bolond Istok*, de Budapest, 13 février 1898.)

La crête lui poussait et il devenait tellement arrogant qu'il provoquait l'armée entière. Après l'escarmouche, il est vrai, il ressemble plutôt à une pauvre poule mouillée.

(*Humoristické Listy*, de Prague, 5 mars 1898).

* Comme le *Kikeriki* et le *Figaro* de Vienne, les *Humoristické Listy*, journal anti-sémite, se sont prononcé contre Zola ; la situation de la Bohême est, à ce point de vue, identique à celle de la Hongrie et de l'Autriche. Habituellement, les *Humoristické Listy* publient de nombreuses caricatures sur nos affaires intérieures et, il faut le reconnaître, ces images étaient toujours favorables à la France et aux idées françaises. Au milieu du formidable grouillement des crayons, on pouvait donc s'attendre à rencontrer encore, dans ce journal, des croquis variés et multiples, amusants et pittoresques. Il n'en a rien été. Durant toute la durée du procès, il ne s'est occupé que des choses d'Autriche et d'Orient, c'est même, je crois, le seul exemple de journal à caricatures resté muet devant l'affaire. Le jugement rendu, il a publié la caricature ici reproduite.

Le jouet de fin d'année dédié par Julio aux vilains enfants de Paris

LES SURPRISES, PAR JULIO

(*La Réforme*, de Bruxelles, 4 et 11 novembre 1897.)

LES SURPRISES, par JULIO

— À mon avis, la Presse a un tout autre rôle à jouer, que celui qui consiste à calomnier un homme et à se faire le pourvoyeur de prison.
(M. de Rochefort à un journaliste parisien.)

LA DAME VOILÉE
DÉCOUVERTE PAR JULIO

Elle n'est qu'un figurant de mélodrame.

(*La Réforme*, de Bruxelles, 18 et 25 novembre 1897.)

La réponse de Julio à une calomnie bien parisienne !

* Réponse à un article de l'*Intransigeant* du 15 novembre 1897 qui avait accusé la *Réforme* d'être à la solde du Syndicat.

Ce qui se passe... d'après l'Évangile antisémite. (Satire par JULIO).

(*La Reforme*, de Bruxelles, 28 novembre et décembre 1897.)

(*La Réforme*, de Bruxelles, 18 et 23 janvier 1898.)

LE BANQUET DU JOUR, PAR JULIO

Los invités ne viennent pas, ils ne trouvent pas le menu de leur goût...

LA PATRIOTIQUE LESSIVE PAR JULIO

(*La Réforme*, de Bruxelles, 11 et 17 février 1898.)

LES DIALOGUES, par JULIO

ZOLA. — D'où viennent ces cochonneries ?
LA JUSTICE. — C'est le linge de la ménagerie...

Et il fut seul pour la défendre ! (Julio)

LIBERTÉ. — ÉGALITÉ. — FRATERNITÉ. — L'APPLICATION ACTUELLE PAR JULIO

(*La Réforme*, de Bruxelles, 20 janvier, 6 et 13 février.)

BRAVADE EN BRAVO ET BRAVO!

« Si une fois la saga sera, si non par d'autres, par la craie du voyou, écrite sur la muraille. »

(Article de Holger Drachmann, poète danois, dans le journal *Politiken*, 15 janvier 1898.)

(*Puk*, de Copenhague, 23 janvier 1898.)

VOULEZ-VOUS UN ARÉOPAGE ? — EN VOICI UN

Un Norvégien de Munich[1], un Danois de Hambourg[2] sont les jurés : le président est Français, c'est le père illustre de *Nana*, jeune personne dont la moralité n'était que *zo-la-la* (c'est-à-dire telle quelle). Sans doute, sa sentence sera équitable, la procédure sera courte et vite finie, mais tout en déshabillant le vice, il ne manquera pas d'en bien fixer les formes.

(*Puk*, de Copenhague, 6 février 1898.)

1. Bjornson demeure une partie de l'année à Munich.
2. Holger Drachmann est fixé à Hambourg.

UN MOINEAU QUI A VOULU DANSER AVEC LES GRUES
Proverbe danois

Voltaire. — Eh ! mon petit Zola, que diable allais-tu faire en cette *régalade*?

(*Puk*, de Copenhague, février 1898.)

* Le texte danois a ici un jeu de mots qui disparait entièrement à la traduction, une régalade s'appelant *Calas* qui était, comme on le sait, le nom du protestant supplicié réhabilité en 1765, à la suite des éloquents plaidoyers de Voltaire.

À LA JEUNESSE ESPAGNOLE!
MESSAGE A ZOLA

C'est l'imagerie transpyrénéenne qui, à son tour, elle aussi, entre en ligne, malgré toutes les préoccupations absorbantes de sa politique locale, malgré Cuba, malgré les caractéristiques allégories sur l'Espagne mutilée, ruinée, mise en croix, appauvrie d'hommes et d'argent; malgré la poussée des images contre les États-Unis, malgré les cochons habillés de caleçons aux couleurs américaines qui emplissent tous les organes satiriques, *Don Quijote, Gedeon, Campana de Gracia, Barcelona Comica*. Ajoutez que, dans le lointain, de temps à autre, les crayons esquissent des souvenirs de Montjuich, des condamnations des conseils de guerre espagnols, et alors, comme le *Don Quijote*, tous estiment qu'« il faut manifester pour la grande sœur latine, qu'il faut envoyer des messages d'adhésion à Zola, *défenseur du droit éternel, supérieur à toutes les raisons d'État.* »

(*Le Don Quijote*, de Madrid, faisant de la propagande pour Zola, 11 février 1898.)

LES SÉANCES A HUIS CLOS DES CONSEILS DE GUERRE
EN FRANCE ET... AILLEURS

La Justice. — Au nom du droit, ouvrez la porte.

Composition de Johann Braakensick
(*Weekblad voor Nederland*, d'Amsterdam, 28 novembre 1897.)

ZOLA ET L'AFFAIRE DREYFUS

La vérité sortant de son puits.

« L'acte que j'accomplis, ici, n'est qu'un moyen révolutionnaire... »

(Lettre d'Émile Zola au Président de la République.)

Composition de Johann Braakensiek
(*Weekblad voor Nederland*, d'Amsterdam, 23 janvier 1898.)

* Encore une vérité sortant du puits et celle-ci, au moins, sort toute entière, au grand désagrément de Messieurs les militaires qui, s'il faut en croire Johann Braakensiek, paraissent n'avoir qu'une sympathie très relative pour la statuaire antique et le modèle nu. Cela rappelle quelque peu le *Ramollot au Salon* d'Albert Leroy.

Tout naturellement, cette idée devait se rencontrer sous les crayons étrangers comme sous les crayons français, et il ne faut point s'étonner qu'elle vienne de « la petite et généreuse Hollande », un des plus vastes champs ouverts aux revendications et aux principes humanitaires.

Est-il besoin de dire que les idées qui animent le dessinateur Braakensiek et le journal *Weekblad voor Nederland* ne sont nullement des idées d'hostilité envers la France ou l'armée française, mais bien l'unique désir de voir la lumière se faire en une affaire où il leur semble que « la conscience de la France est en défaut », suivant le mot d'un de leurs plus grands poètes.

ZOLA A LA FRANCE

— Ne vous agenouillez-vous que devant elle, madame? La Justice est pourtant au-dessus de l'armée.

Caricature de Johann Braakensiek
(*Weekblad voor Nederland*, d'Amsterdam, 20 février 1898.)

CAVE CANEM

(*Nederlandsche Spectator*, de La Haye, janvier 1898.)

* *Cave Canem !* Gare au chien !
Le molosse est là avec ses crocs formidables, et il ne fait pas bon lui passer sous les yeux des os d'une pareille appétence. « Prenez garde au chien qui mord » dit une pittoresque enseigne de campagne, bien à propos en la circonstance.
Le chien est prêt à mordre. *Le Spectateur hollandais* qui contemple tout cela avec le flegme des gens du nord a voulu, sans doute, illustrer quelque fable à la Lafontaine. Ce qui est certain, c'est que aux côtés de Zola il a placé une marmite qui doit personnifier Pot-Bouille et que l'os était destiné à être plongé au fond de cet ustensile à trois pieds de façon que plus personne ne s'amusât à aller le rechercher.
A quand un apologue ou quelque proverbe à la hollandaise sur ce sujet !

Cave Canem !

L'AFFAIRE DREYFUS ET L'IMAGE

La chose jugée.

(*Nederlandsche Spectator*, de La Haye.)

LA TÊTE DE TURC OU LA DERNIÈRE ŒUVRE DE ZOLA

Scheurer-Kestner à Zola. — Je me suis brisé les bras sur cette machine-là. A votre tour, voyez si vous aurez plus de succès que moi.

(*Uilenspiegel*, de Rotterdam, 29 janvier 1898.)

* La tête de Turc sur laquelle on tape sans répit comme dans les foires. Elle en aura usé plus d'un, celle-là. Heureusement que Zola ne demande qu'à maigrir ! Tous les hommes en vue ont passé par ce petit jeu et il ne faudrait pas remonter bien haut pour rencontrer s'escrimant de la sorte, Gambetta ou Jules Ferry.

L'*Uilenspiegel* estime que les plus forts s'y briseront. Il n'a pas la belle confiance du *Weekblad voor Nederland*. Du reste, il s'occupe moins des choses de France. Il faut le voyage du Tsar ou l'affaire Dreyfus pour qu'il intervienne et son intervention se borne à quelques petites vignettes.

ZOLA DEVANT LE JURY

(*Uilenspiegel* de Rotterdam, 6 mars 1898.)

* Voici une image parlante : Zola émergeant debout, la plume en main, de son Paris, d'où sortent, flammes de l'enfer, l'anti-sémitisme et toutes les corruptions du temps présent ainsi que les personnages comme Esterhazy ou du Paty du Clam qui finissent par être aux yeux de l'étranger, les représentants des ténèbres.

Au milieu de ces flammes, il apparaît comme le représentant sacrifié du droit, la vérité étant muselée et un bras galonné se préparant à faire tomber sur le jury cette épée de Damoclès toujours suspendue depuis l'antiquité sur la tête du pauvre monde. Sous un tel pavé, le jury ne peut que braire : « Coupable ! coupable ! coupable ! » Peut-être trouvera-t-on que ces braves Hollandais ne sont pas très respectueux pour nos jurés, mais en cette image, ils ne se sont inspirés que de nos propres créations, de nos attaques sans cesse répétées par la plume et par le crayon, contre tous les jurys, — de peinture, de musique, d'enseignement, — à une époque considérée aujourd'hui comme *réactionnaire*, mais où le mandarinisme des fonctionnaires n'avait pas tué toute indépendance de pensée.

Et puis, disons encore pour excuser l'audace grande des Hollandais — peuple éminemment progressiste et individualiste — qu'ils ne font pour leur part aucune différence entre un jury de cour d'assises et un jury de peinture.

En tout cas, elle est significative cette image sur laquelle la botte du uhlan, c'est-à-dire la Force se pose, sur le Livre, c'est-à-dire sur la Pensée.

CARICATURES HOLLANDAISES 243

LA JUSTICE EN FRANCE

(*Uilenspiegel*, de Rotterdam, 26 février 1898.)

ZOLA DEMANDE JUSTICE

La France à Zola. — Lasciate ogni speranza voi che entrate.
DANTE.

(*Neêrland's Weekblad*, d'Amsterdam, 22 janvier 1898.)

UN CHEVALIER SANS PEUR ET SANS REPROCHE

Zola. — Ouvrez! La Vérité et sa suite (le Droit et la Liberté) l'exigent.

Un général (à l'intérieur). — Elle n'entrera pas, n'entrera pas.

Zola. — Non? alors, de la violence. Je forcerai l'entrée avec mon épée.

(*Nederlandsche Werkman*, de Dœtinchem, 5 février 1898.)

* L'activité graphique de la petite Hollande durant l'affaire Dreyfus a été prodigieuse. Cela démontre l'importance toujours plus grande prise en ce coin de terre par les arts du dessin. Et ce qui est curieux, c'est que l'on sent passer chez ses artistes, le souffle des graveurs d'autrefois, de ceux qui d'une pointe mordante, dirigeaient contre Louis XIV et plus tard, contre la Révolution, les pamphlets graphiques restés célèbres.

Chose incroyable vraiment que ce peuple habitant un pays calme et paisible et lançant de toutes ses capitales, même du fond des vieilles cités mortes, des plus petites villes, des caricatures pleines de rogue et de passion pour ce qu'il estime être la Liberté et la Vérité.

SATAN LES CONDUIT (*voir au verso*).

Ceux à qui les grandes estampes politiques des siècles antérieurs sont familières connaissent les planches du zurichois David Hess, — telles la *Hollandia Regenerata* (voir à ce sujet *Les mœurs et la caricature en Allemagne*)—et les gravures anglaises de Gillray contre Napoléon d'une si remarquable intensité de vie et de mouvement.

Sous une forme moderne, l'image de von Geldorp reproduite ci-contre, se peut comparer à ces pièces célèbres.

C'est la grande danse, la grande sarabande conduite par Monseigneur Satan; ici poussant du pied au passage la dalle entr'ouverte du tombeau de Dreyfus, là, jetant Emile Zola en prison.

Et à cette composition, le dessinateur a donné comme texte des vers de Juste van den Vondel, le grand poète hollandais de la fin du XVI° siècle, l'auteur des pièces célèbres, *Palamède*, qui, sous le voile de la légende grecque, flétrissait le meurtre judiciaire d'Oldin Barnevelt par le stathouder Maurice, l'auteur fut de ce fait condamné à 300 florins d'amende — et *Gysbrecht von Æmstel ou le sac d'Amsterdam*, le plus grand succès du théâtre hollandais, qui se joue aujourd'hui encore.

Le sac d'Amsterdam ! Ainsi donc, aux yeux des Hollandais, le jugement de la Cour d'assises de Paris serait un de ces faits qui marquent dans la vie des peuples et qui doivent être considérés, lorsqu'ils se présentent comme un désastre.

Tandis que les uns couvrent Zola d'adresses de félicitations et de fleurs, entreprenant même, comme M. et Mme Justus Van Maurick, les directeurs du *Weekblad voor Nederland*, le voyage de Paris pour lui apporter les sympathies des Hollandais et des Hollandaises, les autres, par le crayon ou par la plume, invoquent la Liberté, le souffle émancipateur des grands jours.

Quel qu'il soit, quand bien même il irait à l'encontre de notre sentiment national actuel, ce mouvement enthousiaste dont la loyauté ne saurait être suspectée, doit être enregistré, car il vient, non des pays suspects de la Triplice, mais d'un généreux petit peuple qui, depuis trois siècles, a tenu haut et ferme l'étendard de la Liberté et des vieilles franchises communales.

SATAN LES CONDUIT — LES CLAIRONS SONNENT
« La retraite sonne, tout le monde rentre. »

Caricature de von Geldorp (*Neêrland's Weekblad*, d'Amsterdam, 26 février 1898).

SATAN LES CONDUIT — LES CLAIRONS SONNENT
« La retraite sonne, tout le monde rentre. »

Caricature de von Geldorp (*Neêrland's Weekblad*, d'Amsterdam, 26 février 1898).

248 L'AFFAIRE DREYFUS ET L'IMAGE

Emile Zola bafoué!

Après avoir tant travaillé pour enrichir le domaine (littéralement, le grenier) de la langue française... le pauvre Zola se voit traité de paysan piémontais. — Récompense méritée échue en partage à tous les Italiens qui travaillent... pour la France ?

(*Fischietto*, de Turin, 11 décembre 1897.)

LA SITUATION EN FRANCE
(*Fischietto*, 25 janvier 1898.)

CARICATURES ITALIENNES

Les gardiens des prisons françaises refléchissent profondément sur les moyens à employer envers les prisonniers qui pourraient être innocents ! En attendant, la justice, pour faire la lumière sur l'affaire Dreyfus-Esterhazy, emploie les allumettes de nouvelle fabrication qui mécontentent tout le monde.

(*Fischietto*, 11 janvier 1898.)

Si l'on fait un crime à Zola de toucher (à) l'armée, il ne faut pas exclure le cas où les *gros bonnets* se touchent entre eux.

Et pourtant Zola n'a jamais composé une œuvre qui ait été dévorée par la curiosité publique, avec une telle avidité que celle entreprise par lui, en ce moment, en collaboration avec quantité de gens qui n'avaient jamais pensé à écrire un roman.

(*Fischietto*, février 1898.)

Sacrebleu! (en français, dans l'original). Vive l'armée! Oui, vive l'armée, mais si elle ne me débarrasse pas un peu promptement de toute cette boue, il me sera difficile de rester propre longtemps.

(*Fischietto*, de Turin, 15 janvier 1898.)

LA DÉBACLE FRANÇAISE

Zola et, avec lui, la Vérité, sont destinés à finir dans la rue, poursuivis par la racaille, gardés à vue par deux gendarmes soupçonneux comme deux masques quelconques de carnaval. Une vraie *débâcle*, en vérité, mais la débâcle de la légion... d'honneur.

(*Fischietto*, 18 janvier 1898.)

CONSPUEZ! CONSPUEZ! CONSPUEZ!

Si, en ce moment, en France, le bon sens ne prévaut pas, paraît-il, en revanche la... salive abonde.

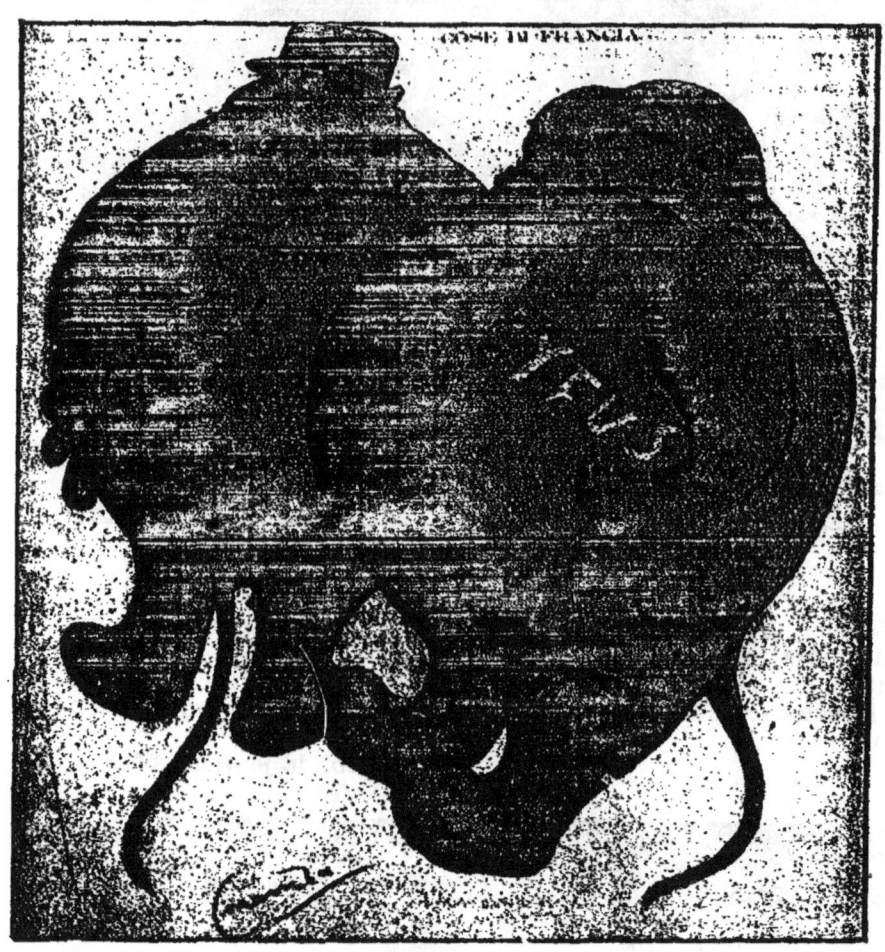

CHOSES DE FRANCE

Reste à voir maintenant lequel des deux ballons aura l'enveloppe la plus résistante.

(*Fischietto*, de Turin, 22 janvier 1898.)

* La caricature italienne affectionne les ballons.
Durant la grande époque de la lutte des crayons contre Crispi, don Ciccio, — une lutte qui n'a eu son égale en France que sous Louis-Philippe, avec le journal *la Caricature* — on voyait sans cesse apparaître des ballons gonflés que le bon sens populaire dégonflait vite.
Rendons au *Fischietto* cette justice qu'il n'a pas voulu intervenir autrement dans nos affaires et qu'il a laissé à notre soin le dégonflement des ballons. Pour le carnaval, le ballon est un des emblèmes de la caricature italienne qui, on le sait, affectionne crever les masques.

CARICATURES ITALINNES

JOYEUX CARNAVAL (*Fischietto*, de Turin, 22 janvier 1898).
La sœur latine souffrant de douleurs névralgiques dreyfusiennes, et la diète forcée ne suffisant pas à lui nettoyer la langue.

ÉMILE ZOLA

Un pauvre autre Christ, à mille huit cent quatre-vingt-dix-huit années de distance, poursuivi, condamné, et peut-être crucifié... avec la Légion d'honneur, pour la rédemption de ses frères.

[Composition de Caronte. (*Fischietto*, 8 février 1898.)

DREYFUSISME AIGU

— De front, avec la chansonnette scandaleuse et les autres exercices chorégraphiques de Mlle Nana, tous les autres numéros du programme passent en seconde ligne. Et l'on nie la suprématie française !

(Il Fischietto, de Turin, 19 février 1898.)

* Les Italiens, et le *Fischietto* lui-même, quoique notre fidèle allié dans la campagne menée il y a quelques années contre Crispi, sont toujours heureux de pouvoir ainsi décocher quelques traits contre la légèreté, contre la licence française. A l'avenir, plus que jamais, c'est Mlle Nana qui, sur toutes les images, personnifiera la France fin de siècle.
Il y a, du reste, longtemps — je l'ai montré en plusieurs de mes précédents volumes et notamment dans *Crispi, Bismarck et la Triple Alliance en caricatures* — que l'Europe nous a *nanifiés* suivant le mot créé en Italie et en Allemagne. Quant à ceux qui accusent Zola de cette *nanification*, c'est qu'ils ne savent rien de l'histoire contemporaine.

Comment Zola pourra-t-il réussir dans son projet, si l'antisémitisme et le militarisme, pour le moment maîtres de la France, l'empêchent de se mouvoir?

(*L'Uomo di Pietra*, de Milan, 12 février.)

DAVID ET LE GÉANT GOLIATH.
Qu'est-ce qui a reçu la pierre, c'est le Français.
(*L'Uomo di Pietra*, de Milan, février 1898.)

ŒUVRE PATRIOTIQUE

Les journalistes de Paris éprouvant le besoin d'augmenter le prestige de l'armée française.

(*Pasquino*, de Turin, 5 décembre 1897.)

DANS LES UNIVERSITÉS DE NAPLES, MADRID, VIENNE, PRAGUE, PARIS, ETC.

La vraie classe... dirigeante, aujourd'hui, en Europe.

Composition de Dalsani (*Pasquino*, de Turin, 6 février 1893).

DANS LES UNIVERSITÉS DE NAPLES, MADRID, VIENNE, PRAGUE, PARIS, ETC.

La vraie classe... dirigeante, aujourd'hui, en Europe.

Composition de Dalsani (*Pasquino*, de Turin, 6 février 1893).

ROMAN EN ACTION

Pour faire que le *pot bouille* en France encore plus fort que le premier qui, mieux que Zola, pouvait être désigné ?

(*Pasquino*, de Turin, 23 janvier 1898.)

* Dans la marmite sont jetées pêle-mêle la République, l'orléanisme, le boulangisme, l'impérialisme, l'antisémitisme.

(*Pasquino*, 6 février 1898.)

Oh ! les expériences calligraphiques !
En France, la graphologie tend à se changer en *gaffologie*, grâce aux explications des graphologues sur les *bordereaux*.

L'honorable Attilia Luzzatto, député de Montecitorio, directeur de la *Tribuna* et protecteur des gens de lettres... aussi français.

(*Pasquino*, de Turin, 30 janvier 1898.)

* La *Tribuna*, un des meilleurs journaux quotidiens de Rome, fondé par le prince Sciarra, pour combattre Crispi, a popularisé, en Italie, les œuvres de Zola. Comme notre *Petit Journal*, elle publie un supplément illustré en couleurs, dont le tirage est considérable, et qui, tout récemment encore, donnait le portrait d'Émile Zola. Son correspondant à Paris, Caponi, a toujours passé pour un ami de la France.

M. Luzzatto est représenté, par le caricaturiste du *Pasquino*, protégeant à la fois Zola et Gabriel d'Annunzio, l'auteur de la *Ville Morte*.

Le texte italien a ici un jeu de mots qui disparaît quelque peu à la raduction.

VIVE ZOLA!
La déroute du militarisme.

(*L'Asino*, de Rome, 13 février 1898.)

*David et Goliath ! et c'est Zola, nouveau David, qui, avec l'espadon de la Justice, crève la panse au militarisme. Les journaux socialistes aiment assez ces réminiscences de l'histoire ancienne et bien des fois, dans leur images, les David ont portés des coups meurtriers à tous les Goliath de l'Etat moderne. Car *L'Asino* est l'organe du parti socialiste italien, à telle enseigne qu'il y a quelques mois encore, rédacteurs et dessinateurs étaient obligés de faire leur journal sous les verrous. A remarquer que comme les socialistes autrichiens, contrairement aux Allemands, les socialistes italiens ont pris parti dans l'affaire Dreyfus et se sont, tous, nettement prononcés pour les théories de Zola et de Jaurès.

CARICATURES ITALIENNES

LA FRANCE TOMBÉE DEVANT LE MILITARISME TRIOMPHANT

Elle ne se doute pas du péril qui la menace.

(*L'Asino*, de Rome, 27 février 1898.)

LA JUSTICE. DERNIÈRES FIGURES DE PARIS

Les vrais jurés du procès Zola.

Composition de Dalsani et M. Cetto (*Pasquino*, 27 février 1898).

DÉLICES RÉPUBLICAINES

Il y a dix-neuf siècles, un pauvre chrétien innocent fut flagellé et mis en croix par les juifs ; aujourd'hui, sous la *Grande Rrrrépublique*, chez la *première nation du monde* (saluez !), sous la fille aînée de l'Église (brave fille !), les chrétiens-juifs torturent un pauvre Hébreu innocent. Vive la justice républicaine ! ! !

(*Rugantino*, de Rome, 20 janvier 1898.)

LA FRANCE NOUS INSTRUISANT

* Encore une fois, il nous faudra apprendre des Français (par le lettré Zola et le socialiste Jaurès) comment certains vieux débris doivent être cuisinés.

(*L'Asino*, de Rome, 30 janvier 1898.)

LE GRAND INCENDIE DREYFUS EN FRANCE

Le bûcher sur lequel fut sacrifié Dreyfus brûle toujours avec la plus extrême violence. En vain le Conseil de guerre par l'acquittement d'Esterhazy, Méline par le procès Zola, Rochefort et Drumont avec leurs journaux, essaient-ils de jeter de l'eau sale sur le feu, pour en circonscrire le foyer. Pour ranimer le feu et faire brûler le bois, Zola et les autres emploient le syndicat dreyfusien et les Lettres à la jeunesse et à la France. Si l'incendie continue, l'arbre de la République pourra subir de graves brûlures et la fumée qui obscurcit la situation, finira par enfumer le bonnet phrygien qui, en perdant sa couleur rouge, deviendra un bonnet de nuit... s'il ne se transforme pas en calotte de curé.

(*La Rana*, de Bologne, 21 janvier 1898.)

ÉTUDE VÉRIDIQUE DE PEINTURE ITALO-FRANÇAISE
FIN DE SIÈCLE

A la peinture baroque et symboliste de la France républicaine, l'Italie monarchique oppose la peinture de sentiment en nous donnant des tableaux qui représentent des démonstrations en faveur de la Justice et de la liberté de conscience. Quelle différence de conceptions et de tendances artistiques ! Après cent ans de liberté, la France se montre la fille aînée, non de l'Église, mais des cléricaux intransigeants, pendant que l'Italie, dont la liberté ne remonte pas à plus d'un quart de siècle, reste la fille aînée des nobles enthousiasmes et de la liberté de conscience. Quel enseignement !

(*La Rana*, de Bologne, 28 janvier 1898.)

**ÉTUDE VÉRIDIQUE DE PEINTURE ITALO-FRANÇAISE
FIN DE SIÈCLE**

La fille aînée de l'Église et de la République, la mère des Droits de l'homme, la sœur latine, la France, après avoir été quelque temps à l'école prêtro-libérale du Vatican, préparer sa palette avec les couleurs dreyfusiennes, s'est mise à peindre des tableaux à l'ancienne manière en trempant ses pinceaux dans le vernis du chauvinisme et du papisme. Elle peint ainsi des scènes sauvages représentant la populace qui crie : *Mort aux juifs ! Conspuez Zola !*

(*La Rana*, de Bologne, 28 janvier 1898.)

LE GRAND DÉFENSEUR DU GOUVERNEMENT FRANÇAIS

Le grand défenseur de la revision du procès Dreyfus se désemprisonne lentement et menaçant de l'île du Diable. En vain, la Justice française, déguisée en grand inquisiteur d'Espagne, appuie de tout son poids sur e couvercle de la caisse. En vain, elle fait pencher la balance du côté de l'épée. En vain, elle veut faire la lumière avec une lanterne sourde. En vain, généraux, journalistes et *uhlans* font tous leurs efforts pour appuyer sur la caisse et la tenir fermée en prétextant le patriotisme et les secrets d'État. En vain, aux témoins plus ou moins militaires de la défense on applique un cadenas sur la bouche. En vain, on met un bandeau sur les yeux de la République, pour qu'elle ne voie pas quelle belle Liberté, Égalité, Fraternité on applique en son nom. Tôt ou tard, le champion de la revision arrivera à soulever le couvercle, renversant tous ceux qui s'opposeront à l'ouverture. Alors, la Justice fausse et déguisée du mystère devra céder le pas à la Justice de la lumière, invoquée par Zola et Labori. Et alors, aussi, ce sera le cas de répéter : *omnium vincit labor*.

(*La Rana*, de Bologne, 26 février 1898.)

— Pourquoi claquez-vous des dents ?
— Tiens ! parceque j'ai froid.
— Eh bien ! battez des mains pour Zola et échauffez-vous pour Dreyfus !

— Tu l'as entendu ? A Ancône, la populace commence à se soulever pour...
— Pour Dreyfus ?
— Mais non, pour le prix du pain.
— Alors, cela ne m'intéresse pas.

LA FAIM A L'INTÉRIEUR ET L'ENTHOUSIASME POUR L'ÉTRANGER.
— DREYFUSARDS ITALIENS

(*Don Chisciotte*, de Rome, 2 et 20 janvier et 8 février 1898.)

— Le peuple a soif de vérité. A bas le militarisme.

— Le peuple a faim de pain.
— Faites venir la troupe.

— Eh bien! qu'en dites-vous?
— Moi! je veux une justice sévère en France.

* Le personnage représenté sur ces deux petites vignettes est Crispi.

— Mais que voulez-vous?
— Protester contre certains tribunaux extraordinaires!
— Doucement... un tribunal ordinaire peut quelquefois être plus gênant [1].

LA FAIM A L'INTÉRIEUR ET L'ENTHOUSIASME POUR L'ÉTRANGER.
— DREYFUSARDS ITALIENS.

(*Don Chisciotte*, de Rome, 2 et 20 janvier, 8 février 1898.)

* Le *Don Chisciotte*, est comme l'*Asino*, un vaillant journal de polémique par la plume et par le crayon mais ayant l'avantage, lui, de paraître quotidiennement.

A plusieurs reprises, comme l'*Asino* aussi, il s'est élevé contre les « exagérations » de certains politiciens italiens toujours prêts à tomber sur la France, alors que tant de choses seraient à réviser chez eux. Significative entre toutes l'image du dit *Asino* (mars 1898) où l'on voit Zola tirant l'oreille au populo d'Italie et lui disant : « Comment! tu t'occupes tant de la justice en France et tu ne penses seulement pas à tes procès italiens » (Crispi, Frezzi, etc...)

1. Allusion à la commission parlementaire des cinq, nommée par la Chambre des députés, après que M. Crispi eût récusé la compétence des tribunaux ordinaires.

CARICATURES ITALIENNES

La lecture de la sentence.

La décapitation du gérant de l'*Aurore*.

Emile Zola déporté à l'île du Diable.

UN JUGEMENT ANTICIPÉ

(*Pupazetti*, par télégraphe.)

Voltaire (à Zola). — Eh oui! entre nous, il y existe un point de contact.
— Oh, merci, maître! Et lequel?
— Tu voudrais bien que Dreyfus fut... *candide* (en italien : *candido*, blanc, innocent).

— Après avoir été traduit dans toutes les langues, ils me laissent encore traduire... en prison.

L'Avocat général. — Cet homme, messieurs les jurés, a crié bien trop haut, vouloir la lumière. C'est pourquoi il faut l'envoyer aux ténèbres.

(Vignettes du *Don Chisciotte*, de Rome, 8 et 9 février 1898.)

Émile Zola. — Je suis celui qui invoque la lumière.
— A nous, une centaine de gardes?
— La lumière pleine, entière.
— Entière? Alors, nous ajouterons une cinquantaine de gardes à cheval.

A propos du colonel Picquart:
— Vous avez voulu savoir la vérité? Eh bien, voyons, qu'avez-vous trouvé?
— Oh! seulement... la destitution!

— J'ai voulu voir comment s'administrait la Justice — disais-je à un ami — et à la place ils m'ont fait voir toutes les étoiles...
— L. que tu ne voulais pas voir la lumière? lui a riposté l'ami. Eh bien, tu l'as vue!

— Je puis témoigner ceci:
Que j'ai fait campagne pour la Patrie, et où était alors le seigneur Zola? Que nous avons versé notre sang sur les champs de bataille... et où étaient, alors, les seigneurs magistrats? Que nous avons affronté mille fois la mort pour la France... et où étaient, alors, les seigneurs jurés?

MALHEUR A QUI TENTE DE FAIRE PASSER LA LUMIÈRE A TRAVERS LES RAYONS ÉPAIS DE L'ORGANISME SOCIAL

(*Don Chisciotte*, de Rome, 13 février 1898.)

ZOLA ET LA FRANCE

Caricature de R. Bordallo Pinheiro

(*Antonia Maria*, de Lisbonne, 17 février 1898.)

* Encore un vaillant journal qui a toujours combattu l'influence anglaise et qui, en mainte circonstance, a prouvé sa sympathie pour la France. Tenant à la fois la plume, le crayon, l'ébauchoir, ayant ressuscité à Lisbonne les magnifiques faïences genre Bernard Palissy, Raphaël Bordallo Pinheiro, le maître des caricaturistes portugais, ne pouvait laisser passer indifférent l'affaire Zola.

Triste ! triste ! triste ! nous dit-il avec vérité. Et il n'a point tort, car tout cela c'est triste pour tout le monde, triste pour la France, triste pour la Justice, triste pour l'Histoire.

Et le muscadin réactionnaire de 1798 est là avec son gourdin, avec son face-à-main.

Triste ! triste !

LES ÉTUDIANTS ROUMAINS ET ZOLA

(*Mos Teaca* de Bucarest, 1ᵉʳ février 1898.)

* Des étudiants roumains ayant fait une protestation contre Zola, le journal illustré de Bucarest répondit par l'image ici reproduite : attaquer Zola, c'est bien, mais il faudrait d'abord atteindre jusqu'à lui, et il le montre triomphant sur sa montagne, son œuvre, à laquelle on ne peut atteindre qu'à l'aide d'une longue, longue échelle.

CARICATURES RUSSES

— Ah! ma mignonne, pour ton arbre de Noël, cette fois, il n'y a que cela.

(*Strekoza*, de Saint-Pétersbourg, décembre 1897.)

* Arton et Dreyfus, voilà tout ce que notre bon ami le Russe a daigné donner à la gentille petite R. F. pour ses étrennes de Saint-Sylvestre.
Russe, tu n'es point généreux, mais on ne saurait t'en vouloir, puisque toute la politique, toute la sagesse de nos ministres n'a abouti qu'à nous doter d'un Panama militaire, après le Panama financier. Hélas, on a les pantins qu'on se donne !

LES VISIONS DE SCHEURER-KESTNER, DURANT SON
DOLCE FARNIENTE

(*Strekoza*, de Saint-Pétersbourg, décembre 1897.)

* Au premier plan, esquissant un pied de nez, Esterhazy que la main du conseil de guerre va empoigner.
Les visions, c'est Scheurer-Kestner et Zola dansant une joyeuse sarabande avec le prisonnier de l'Ile du Diable.

L'ex-capitaine de l'armée française, Dreyfus, fait l'impossible pour tâcher d'atteindre au haut de la tour Eiffel; il y parvient presque. Il est ainsi en vue de toute l'Europe. Les débats vifs et animés qu'il provoque, de la sorte, *crescendo*, passent, d'*andante* en *allegro*, *allegretto*, et enfin en *allegretto con brio* et *furioso*, et finissent avec la célèbre et historique bataille du Palais-Bourbon.

(*Strekoza*, de Saint-Pétersbourg, janvier 1898.)

* L'impression générale de la caricature russe, comme je l'ai déjà indiqué, comme on le verra par les images de la *Strekoza* et du *Chout*, ici reproduites, est que la France ferait bien d'en finir avec tous ces scandales, Panama, Arton, affaire Dreyfus qui, ainsi étalés au grand jour, sont loin de relever son prestige dans l'opinion publique européenne. Et ce n'est pas sans un certain esprit railleur que les crayons de nos alliés constatent cet état de choses.

S'ils ne sont pas pour Dreyfus, s'ils ne sont pas pour Zola, on sent qu'ils eussent voulu voir le gouvernement faire le nécessaire pour étouffer l'affaire, au nom des vieux principes de salubrité publique, et en tout cas, prendre une autre attitude. Et vraiment en présence de toutes ces tristes discussions on se demande si l'ancien système ne valait pas mieux : lui, au moins, était franc et ne louvoyait point ! Lui au moins lavait le linge sale en famille.

J'ajoute ceci comme renseignement, que la *Strekoza*, de format infolio, publie des dessins en noir, tandis que le *Chout*, devenu le journal de l'alliance franco-russe par le fait qu'il publie ses légendes dans les deux langues, est entièrement tiré en couleurs.

Scheurer-Kestner infusant au major Esterhazy le vaccin de la trahison pris sur le veau enchaîné (Dreyfus).

(*Strekoza*, de Saint-Pétersbourg, janvier 1898.)

* Dans le coin à droite, Zola. — Esterhazy se démène comme un beau diable, ne voulant point aller à l'île du Diable. L'opération réussira-t-elle, voilà ce que se demande, sur l'image, le veau enchaîné ?

LE NŒUD GORDIEN

(*Chout*, le Bouffon, de Saint-Pétersbourg, 17-29, janvier 1898.)

* Qui défera le nœud ? Qui démêlera cet écheveau au milieu duquel tant de têtes sont prises ?

280 L'ARFAIRE DREYFUS ET L'IMAGE

— Ah ! ça, voyons, y en a-t-il encore pour longtemps, de c'te sale besogne !

(*Chout*, de Saint-Pétersbourg, 7-19 février 1898.)

* La R. F. en forte « commère point bégueule » avec tous ses paniers de linge sale, Panama, Arton, Dreyfus, ayant accroché les culottes et chemises sur lesquelles on lit : E. Zola, C. Hertz, Esterhazy, Picquart.

Le défenseur de l'honneur de l'armée française. — Cette canaille de Dreyfus ! Après avoir été condamné justement par un tribunal militaire, il ose encore protester de son innocence...

(*Carillon de Saint-Gervais*, de Genève, 15 janvier 1898.)

* Tantôt libéral, tantôt radical, tantôt démocrate-socialiste, *le Carillon* de Genève prit naissance avec la révolution genevoise de 1848. Organe de politique locale, il s'intéresse rarement aux questions étrangères, mais l'affaire Dreyfus ne pouvait le laisser indifférent et je dois ajouter que lorsqu'il s'est occupé de la France, ce fut toujours pour soutenir les idées de progrès et de liberté. La République française a, en lui, un ami et un défenseur sincère.

CE QU'ELLE COMPREND

La France. — Nous en tenons un, enfin, coupable ou innocent, peu importe; laissez-le en repos, dans sa cage, au moins jusqu'à ce que nous ayions édicté une loi sur l'espionnage contre nos meilleurs amis.

(*Der Nebelspalter*, de Zurich, 20 novembre 1897.)

* Une loi contre l'espionnage avec des jugements au grand jour et des exécutions en place publique, voilà ce que le *Nebelspalter* conseille à la République française. Pas besoin de huis clos pour ce qui intéresse le pays, dit-il; c'est la nation entière qui doit juger les traîtres.

LA NOUVELLE ANNÉE ARRIVE

(*Nebelspalter*, de Zurich, 25 décembre 1897.)

Scheurer-Kestner sur son tonneau tient en main une tartine avec l'inscription : *Dreyfus*. Sur le coq gaulois qui, monté sur ses ergots, semble vouloir la lui ravir, on lit : *Chauvin*. En d'autres termes, cela veut dire que M. Chauvin ne veut pas qu'on s'occupe de cela, qu'on mange de ce pain-là et que ce sera entre le pays et quelques individualités la grande discussion de l'année 1898. Dieu veuille cependant que les prévisions du *Nebelspalter* ne se réalisent pas jusqu'au bout.

En train de chercher dans leurs vieilles garde-robes de quoi remplacer son bonnet phrygien par du simili-or.

(*Nebelspalter*, de Zurich, 29 janvier 1898.)

* Ami sincère de la République française, lui aussi, le *Nebelspalter*, qui, pour être fidèle à son titre, cherche toujours à dissiper les nuages, estime que tout ce tapage, toutes ces discussions parlementaires font la joie des monarchistes.

CARICATURES SUISSES

LA JUSTICE EN FRANCE

Émile Zola. — Bande tes yeux, Justice ; sans cela tu ne serais plus la Justice.

(*Nebelspalter* de Zurich, 18 février 1898.)

Réduction d'une grande composition chromo-lithographique de Boscovitz.

* Toujours l'allégorie chère à la fois aux gens du Nord et aux gens du Midi, mais qui, sous le crayon des caricaturistes de race germanique, revêt une allure particulière de protestation ou de revendication sociale. Comme art, c'est assurément inférieur aux compositions hollandaises ou anglaises, mais l'idée et la pensée sont identiques. Les balances ne sont plus justes parce que la Justice se laisse influencer par le chauvinisme et le jésuitisme, parce qu'un vent de Folie semble à nouveau souffler sur notre pays, parce que suivant le mot d'un homme d'État étranger, « il y a du mardi gras dans l'air. »

L'Europe est là, attentive, attendant la décision de la France. L'Histoire a pris ses tablettes et sur elles a inscrit le jugement : si elle y ajoute des annotations, elle pourra dire que jamais question ne passionna à un si haut point l'opinion publique.

Mais que faut-il penser de l'idée du journal suisse inscrivant au-dessous du nom de Zola les mots : *vérificateur des balances de l'État ?*

LE TORÉADOR SANS PEUR

* Tant que l'affaire Dreyfus resta à proprement parler l'affaire Dreyfus, la caricature américaine garda le silence, d'autant que nos mœurs, comme nos institutions politiques, sont pour elle lettre morte, et que, d'autre part, les procès retentissants et les scandales laissent les Yankees en général assez froids. Il faut beaucoup pour les émouvoir dans cet ordre d'idées étant donné surtout qu'ils ne s'intéressent guère aux choses de l'Europe que lorsqu'elles revêtent un caractère général. Toutefois, le nom, la personnalité, la situation occupée par Zola dans le monde intellectuel, en Amérique, aussi bien qu'en Europe, ont mis en mouvement les crayons du *Puck* et du *Life*.

Et si Zola est ici en toréador, c'est uniquement parce que les choses d'Espagne tiennent, en ce moment, toute la place sur les caricatures américaines.

(*Puck*, de New-York, février 1898.)

CARICATURES AMÉRICAINES

ÉMILE ZOLA

(*Life*, de New-York, 17 février 1898.)

* Le *Life*, *la Vie*, est un journal américain qui s'occupe à la fois d'humour et d'actualité politique. De petit format comme le *Puck*, le *Judge*, le *Trath*, il est contrairement à ces derniers entièrement noir et peut passer pour un des meilleurs illustrés du nouveau monde.

"BRAVO ZOLA!"

CARICATURE DANO-NORVÉGIENNE

* Zola porté sur les épaules de ses deux admirateurs, les poètes Bjornson et Drachmann, comme sur un pavoi.

(*Hver 8 Dag*, 5 février 1898)

La bouteille à encre Dreyfus :
A la recherche d'un traître.

(*Le Petit Bleu*, de Bruxelles,
20 novembre 1897.)

LES PETITS COTÉS

DE L'HISTOIRE

L'ESPRIT DES JOURNAUX,

LA POÉSIE

ET LA RÉCLAME

DANS LE PROCÈS ZOLA

Scheurer-Kestner (à la France). — Si vous ne vous laissez pas mettre le quatrième pied, vous n'arriverez pas à vous sortir de cette mauvaise position.

(*Ulk*, de Berlin, 12 novembre 1897.)

* Les trois pieds du canapé boiteux sur lequel la France s'écroule portent les mots : *chauvinisme, fanatisme, antisémitisme.* Sur le pied que lui présente l'ouvrier Scheurer-Kestner, on lit : *Justice.*

L'ESPRIT DES JOURNAUX

Les mots de la fin. — Les bons mots illustrés. — Acrostiches. — Esprit des journaux étrangers. — Articles avec noms, en français, des œuvres de Zola. — Zola et l'orthographe.

Jamais, en France, l'esprit n'a perdu ses droits, jamais, en France, question politique ou autre, si grave fût-elle, n'a empêché le rire de tinter joyeusement ! En 1871, alors que Paris était assiégé, alors que la guerre civile sévissait dans toute son âpreté, on trompait la faim avec du pain de sciure de bois, mais on vivait encore d'esprit. Malgré les horreurs de la lutte fratricide, les journaux n'avaient point supprimé ces « mots de la fin », auxquels recourent immédiatement les lecteurs et qui sont, pour ainsi dire, le premier déjeuner, le chocolat du boulevardier.

Affaire Dreyfus, procès Zola, tout cela n'a donc pas tari subitement la source de la gaieté et du rire.

C'est pourquoi j'ai pensé qu'il serait intéressant de donner ici le dessus du panier de l'esprit parisien durant cette période d'affolement et d'énervement général :

A tout seigneur, tout honneur.

D'abord le *Figaro* :

Une dame à une de ses amies qu'elle trouve absorbée par la lecture des débats de la Cour d'assises :

— Je ne vous ai pas aperçue, hier, à la sortie de la messe...

— J'avais un peu mal à la tête... Je suis partie après le *Domine salvam facsimilé!*

⁂

— Émile Zola n'a pas eu tort, à son point de vue, d'invoquer le témoignage d'académiciens, de savants, d'hommes de lettres, de professeurs, etc.; mais pourquoi diable a-t-il fait appeler à la barre un graphologue-dentiste?

— Sans doute s'est-il dit : « Ajoutons un chapitre aux *Soirées de Mes-Dents.* »

⁂

Fin de dispute sur les audiences de la Cour d'assises :
— Mais encore ?
— Non ; tout ce que vous me direz ou rien, c'est la même chose ! Pour moi, tout ça, c'est du zolapuk !

⁂

Flirtage. Lui, très pressant. Elle, un peu froide.
— Ce que j'adore dans les petites lettres que vous m'écrivez, ce n'est pas seulement le style, qui est délicieux, c'est l'écriture... cette fine écriture si profondément...
— Dextrogyre et centripète ; on me l'a déjà dit.

⁂

Rectification au compte rendu de la treizième audience :

M⁰ LABORI. — ...Il n'y a pas dans l'histoire de nom plus complètement et plus justement exécré que celui de Ponce Pilate.
LE PRÉSIDENT, *vivement*. — Ne parlez pas de l'affaire Jésus !

⁂

Toujours l'obsession de l'Affaire !
L'ABBÉ, *à son élève*. — Citez-moi les mots qui sont masculins au singulier et féminins au pluriel.
LE PETIT BOB, *sans sourciller*. — Amour, délice et... Delegorgue !

⁂

En lisant les journaux :

— Ah ! ils allaient bien à Alger ! Pillage d'une banque, destruction des effets de commerce...
— C'était encore une manière de manifester contre l'affaire Dreyfus...
— Comment cela ?
— Eh oui... d'affirmer leur mépris pour les « traites » ?

A la sortie de l'audience, on discute le genre de pénalités que peut encourir Émile Zola.

— Moi, dit un jeune stagiaire, je me demande ce qu'on peut lui faire de plus : après toutes les dépositions des généraux, il me semble qu'il est déjà Billotiné !

⁂

Après le verdict.

— Voilà le gérant de *l'Aurore* condamné, lui aussi, à l'emprisonnement...
— Avec M. Clémenceau... le « bloc »... c'était fatal !

Puis, maintenant, glanés de côté et d'autre, ces balivernes, bons mots et calembredaines, qui prouveront que dans les deux camps le Rire fut considéré comme arme point négligeable :

De *L'Aurore* :

BALIVERNES

Esterhazy à l'Institut.

Grand émoi sous la coupole ; le bon Pingard venait de recevoir une lettre du *Hulan* posant sa candidature à l'Académie française.

Au milieu de l'effroi général des comtes authentiques, Freycinet hasarde doucement :

— Il y a erreur, sans doute, c'est pour l'Académie des.. *Belles-Lettres*.

⁂

Du *Gaulois* :

Dehors.

Deux molosses effrayants, sur le boulevard, en étaient venus hier, non aux mains, pas même aux pattes, mais aux gueules, et avec de sourds grognements de rage se secouaient tout ce qu'il y a de moins cordialement.

Et alors entendu un passant — un ouvrier endimanché — qui laissa tomber flegmatiquement ces mots en passant :

— Encore deux qui causent de l'affaire Zola !

⁂

Dieu merci, le procès Zola vient de prouver encore que la plus fougueuse éloquence n'est pas suffisante pour faire triompher une mauvaise cause, d'où la modification toute nouvelle d'une vieille devise :

Labori improbus non omnia vincit !

⁂

Du *Journal* (après le jugement) :

Revenant de déjeuner, quelques ouvriers se hissent sur l'échafaudage élevé où ils travaillent et y constaten avec surprise que plusieurs de leurs outils ont disparu.

— Qui a bien pu les venir chiper ici ? s'écrie l'un d'eux.
Et un autre, brave Alsacien, de répondre :
— C'est encore un scélérat qui n'a pas le respect de la chose *juchée !*

⁂

De *La Patrie* :

Sur le boulevard hier (mardi gras) :
— Alors tu te déguises ?
— Oui.
— En quoi ?
— En « intellectuel ».
Un peu plus loin :
— Vous n'êtes qu'un « intellectuel. »
— Eh va donc, expert « en écritures ! » Et les deux adversaires se secouent vigoureusement par le collet.

Boulevard du Palais, deux cochers s'invectivent. Ils ont commencé par échanger quelques injures anodines.

— Va donc, eh ! feignant !
— Prop' à rien !
— Fumier !
— Choléra !
— Tinette !

Puis le ton se hausse :
— Vendu au syndicat...
— Traître !
— Prussien !

Mais un des automédons veut frapper un grand coup pour clore la discussion.

— Va donc, eh ! Zola...

L'autre chancelle ; le coup a porté. Cependant il se remet et, de toutes ses forces, crie :

— Espèce de Leblois !...

Et les deux cochers, ayant atteint le *summum* de l'injure, en viennent aux mains... je veux dire aux fouets.

⁂

Le commerce et... l'affaire.

Deux chiffonniers fument mélancoliquement leur pipe devant la grille déserte du Palais.

— Ça a tout de même rudement marché, mon vieux, pendant quinze jours... Et des parapluies... et des lorgnons... et des chapeaux de bourgeois... Il n'y avait qu'à se baisser pour en prendre.

— Faut pas se désoler, va. Zola va se pourvoir en cassation.

⁂

De l'*Événement* :

— Périsse la France !... les colonies !... l'armée !... nos fils !... nos enfants !... périsse tout, plutôt que le grand principe de l'intellectualité !

Au-dessous de croquis de Henriot, dans l'*Événement* :

Entre patron et employé :
— Combien avons-nous perdu le mois dernier?
— Trente-trois mille quatre cent vingt-deux francs soixante-quinze centimes.
— Vous les inscrirez au compte de M. Zola...

⁂

— Et vous, pour qui êtes-vous, pour Zola ou contre Dreyfus?
— Moi... je suis pour la France !

⁂

— Je l'ai dit hier à la Chambre... L'armée, je la respecte, j'ai mon fils dedans... Mais la marine... on peut taper dessus !

⁂

— Ça y est... une attaque ! aussi quelle imprudence... vouloir lire tous les jours le compte rendu *in-extenso* du procès Zola !

⁂

Entre militaire et pékin :
— Peur?... je n'aime pas à entendre dire à un officier qu'il aurait peur...
— Oh! pas des boulets de canon, pour sûr... mais j'avoue que je n'aimerais pas à lutter avec les avocats.

Autour du procès.
— ... Non, ils n'insultent pas l'armée. Mais il y a un doute qu'ils tiennent à éclaircir. Et comme saint Thomas, ils veulent...
— Ils veulent toucher.

⁂

Du *Don Juan* :

ARRESTATION D'UN TRAITRE

Un vieux, très vieux monsieur, qui a bien cent dix ans, chantait hier, dans la rue, une scie qui eut un gros succès sous l'Empire :

J'ai un pied qui r'mue...

Un agent sauta assitôt sur le vieillard, le conduisit au poste, déclarant au commissaire que cet homme évidemment était un affreux criminel, avouant en pleine rue son crime de haute trahison.

Le vieillard protestait.

— Ne rebiffez pas, fit l'agent. Le colonel du Paty du Clam n'est pas une moule. Il affirme que tous les traîtres remuent le pied. Il n'y a pas d'erreur. Vous avez trahi !

Du *Rire* :

Entre gosses sortant de la communale :]

— J'aimais beaucoup Zola ; mais maintenant, c'est dommage, y fait trop de bêtises.

Du *Rire*, au-dessous de petits croquis d'Henry Somm :

PETITES AFFAIRES. — Jeune veuve, blonde, phys. agréa. désirerait connaître un ou plusieurs messieurs du Syndicat.

— Un cas de divorce, cher maître ? Mais j'en ai un... énorme ! Figurez-vous que mon mari n'est plus pour moi qu'un intellectuel.

On sait que les officiers cités aux dernières audiences ont comparu vêtus en « pékins ». La physionomie de la Cour d'assises y a perdu de son pittoresque.

« L'ennui naquit, un jour, de l'uniformé ôté », a dit quelqu'un.

Des *Quat' Z' Arts* :

Entre avocats :
— Le président a dit : « Je veux *circoncire* les débats, et quant aux conclusions, je passerai *youtre...* »

ALFRED DREYFUS EST INNOCENT :

Une dame du meilleur monde, et qui n'était pas voilée, déclarait dans les couloirs du Palais :
— J'affirme sur l'honneur que Dreyfus n'est pas coupable.
— Et pourquoi osez-vous proférer cette abomination ! demanda Drumont qui passait par là.
— Espèce d'idiot ! répondit la dame du meilleur monde, vous savez bien qu'il est déjà coupé !

Le petit jeu des acrostiches.

Celui-là est de toutes les grandes circonstances, des combinaisons ministérielles comme des alliances à la mode. Il ne devait donc pas faillir à l'actualité zolaesque. C'est l'*Événement* qui s'y est livré et voici ce qu'il a trouvé en accolant les noms des défenseurs de Zola :

D'abord l'aveu de l'existence du syndicat :

    Leblois
      Yves Guyot
     Reinach
   Mathieu Dreyfus
    Labori
      SCheurer
    ZolA
       Trarieux

Ensuite l'appréciation des moyens employés :

      Mathieu Dreyfus
     Sch**E**urer-Kestner
     Rei**N**ach
    Leblo**IS**
     Z**O**la
      Ber**N**ard Lazare
     Yves **G**uyot
     Trari**E**ux

Et enfin le présage sinistre de la conclusion :

     Mathieu **D**reyfus
     L**E**blois
     La**B**ori
     Tr**A**rieux
     Reina**Ch**
     Zo**L**a
     Sch**E**urer

MOTS NOUVEAUX DU DICTIONNAIRE DE LA LANGUE FRANÇAISE

Zolaphilie.

Zolaphobie.

Zolalogie.

NOMS A CHANGER

Zoroastre s'est effacé devant *zolaàstre*.

On ne dit plus du *gorgonzola*, mais bien du *gorgonbillot* ou du *gorgonesterhazy*.

La zoolatrie est devenue de la *zolalétrie*, la zoographie de la *zolagraphie*, et tous les zoophages sont passés à l'état de *zolaphages*.

On ne dit plus de quelqu'un agissant avec zèle que c'est un zélateur, mais bien un *Zolateur*. Lui-même, le système solaire est devenu *Zolaire*, et *Isola Bella*, pour honorer un enfant de l'Italie, s'orthographie Izola Bella.

! ! ! ! ! !

— Et pourtant Zola proclame l'innocence de Dreyfus ?
— Zola ! voyons, il n'a écrit que des cochonneries.
(*Fischietto*, de Turin).

Il faudrait des pages pour mentionner les à peu près *zola...iques* ou *zola...esques* — les Allemands ont créé le mot *zolaïsch* — publiés par certains journaux à caricatures, étrangers, avec les titres des œuvres du grand romancier. Ces à peu près présentent ceci d'amusant que c'est en somme le mariage de deux langues, l'article étant en allemand, en italien ou en anglais. Thème en langue étrangère sur des mots français, si l'on veut. Ce n'est point toujours d'un esprit transcendant, mais d'un genre assez goûté au dehors et qui, toujours, plut tout particulièrement aux Allemands. Empruntons donc au *Nebelspalter*, de Zurich, le récit que voici, il suffira à nous édifier :

> Toute l'affaire, de la façon dont elle se comporte, est *Au bonheur des dames*, je veux dire bien faite pour satisfaire la curiosité sensationnelle du public féminin. Pour que le gouvernement et le peuple à *Paris* changent leur manière de voir, il faudrait sans doute quelque miracle à la *Lourdes*, ou mieux encore à la *Rome*. Chacun verrait alors que ce n'est point par *L'Argent* que s'est laissé conduire Dreyfus. D'où il faut conclure que la plainte est *L'Œuvre* du parti militaire. Beaucoup pensent en eux-mêmes : Dreyfus est peut-être innocent ? *Na-na*. Mais, en somme, un homme comme Zola doit savoir ce qu'il fait, quand il devient *L'Assommoir* du ministère, et quand il hâte *La Débâcle* du gouvernement. En attendant, M. Méline a pris pour parti *La joie de vivre*, tandis qu'à ses côtés se réveille l'antisémite cléricale *Bête humaine*. L'écrivain célèbre a réalisé assurément une chose, *Le Rêve*, la conception la plus hardie de son ambition s'est accomplie ; il est devenu l'homme le plus en vue à Paris comme sur *La Terre*, et le second conseil de guerre, au sujet duquel il a été poursuivi, pourra être par lui salé dans son *Pot-Bouille*.

Dire que les Allemands rient joyeusement du rire bruyant que l'on sait, en lisant ces petits jeux d'adresse linguistique, serait je crois superflu [1].

Pour nous qui préférons court et bon, donnons en matière de conclusion l'épilogue publiée par le masque de fer du *Figaro* :

ÉPILOGUE

L'*Œuvre* entreprise, en un four noir,
En une *Débâcle* s'achève.
La revision fut le *Rêve*,
Le verdict devint l'*Assommoir*.

Et pour finir, ces plaisanteries empruntées au *Don Chisciotte*, de Rome, qui, avec les *puppazetti*, on l'a vu, cultive surtout le mot graphique :

Au Restaurant :
— Garçon, une côtelette.
— De chair humaine ?
— Devenez-vous fou ?
— Eh ! Je croyais que monsieur était... juré au procès Zola.

---

1. — *Le Gaulois* avait déjà donné un amusant échantillon de l'esprit allemand francisé en reproduisant la dépêche suivante, adressée, en français, à M. Zola, par un groupe de soixante habitants de Mayence, et qu'à mon tour je crois devoir donner dans ce *dreyfusiana*.

« *Émile Zola, Cour d'assises — Paris*

« La *Bête humaine*, furieuse et *Lovrde* (sic), troublant la *Terre* française, disparaîtra comme le *Rêve* par votre œuvre noble et courageuse, qui fera la *Débâcle* des ténébricoles à *Paris.* »

Certes, ce n'est pas léger, léger. Mais, après tout, ferions-nous mieux, ou même aussi mal, s'il nous fallait écrire en allemand. J'en doute. Donc, soyons indulgents !

Les deux pays :
— Zola (*lisant un télégramme*). Qu'est-ce ? Un télégramme de Crispi, et il a raison...
— ???!
— En effet, j'accuse et je suis condamné ; il est accusé, lui, et... personne ne le condamnera !

Et c'est ainsi qu'après le procès Zola vu par la caricature, par la philosophie, par les politiciens, on aura le procès Zola vu par le rire et même... tourné en blague, tant il est vrai que toute chose a son côté sérieux et son côté ridicule.

9. — Et vous vous prétendez étudiant?
— En *godiveaux*, oui, monsieur.

(*La Chronique Amusante*, 27 janvier 1898.)

LA POÉSIE..... MAJEURE ET MINEURE

Vers de Raoul Ponchon. — Ohé ! les graphologues ! — Poésies vengeresses : « Gaulois » et « Patrie ». — Une histoire simple. — Les « J'accuse » d'un vélophile.

Quelque jour, peut-être, pour faire suite au fameux : *Comme quoi Napoléon n'a jamais existé*, on publiera un ouvrage non moins volumineux que le procès Zola, pour démontrer que les gens du XIXᵉ siècle finissant, nos honorables contemporains, furent victimes d'une immense mystification, et que l'on se battit à coups de procès, d'interpellations et d'accusations pour une chose purement platonique, pour un personnage légendaire.

En attendant, constatons que la poésie, elle aussi, a donné, que bien des incidents, bien des épisodes du procès la mirent en gaieté, et qu'elle versifia à ce propos sur tous les modes, mode mineur comme mode majeur.

D'abord quelques vers de Raoul Ponchon (*Journal*, 14 février), d'un *j'm'en foutisme* tout montmartrois :

> Parle-moi donc de cette affaire
>   Multicolore
>   Et sommifère
> Dont on nous rebat dès l'*Aurore* ?...
>
> Qu'en penses-tu, muse ponchon ?
>   Dis-le-moi, dis :
>   Un fin cochon
> Y trouverait-il ses petits ?
>
> Allons... je vois que tu t'en fiches
>   Et contrefiches,
>   O ma Niniche,
> Soyons donc deux à nous en fiche.

Deux ! — Ponchon a raison, car *avoir l'air de s'en fiche* n'est point *s'en fiche*, et quantité de ceux qui jouaient l'indifférence durant la quinzaine de l'affaire, ne résistèrent pas au premier appel, au premier cri des camelots annonçant le nouveau scandale du jour.

Mais beaucoup de témoins eurent le don de faire rire, de mettre en gaieté les plus sombres, — notamment l'homme à la redoute, à l'équation dans le buvard et l'homme au tableau noir, si bien que la science graphologique, chère à l'abbé Michon, et les graphologues, ses interprètes, se sont vus caricaturés et chansonnés. Ces vers du *Journal* méritent de ne point périr dans l'oubli du papier quotidien, et pour ce faire, je les reproduis ici :

VERS EN GROS
UNE CARRIÈRE OUVERTE

(Chanson dans la manière et sur un air de Bruant.)

Pour c'lui qui n'sait rien fair' du tout,
Qui n'a pas d'malic' pour deux sous
Et l'goût de n'pas en fiche un clou,
  Y a z'un' partie
Où sans peine il réussira,
Y a b'soin d'aucune étud' pour ça,
Ni d'aucun' connaissanc' : c'est la
  Graphologie !

C'est l'plus chouett' de tous les métiers !
Donc, tous ceux qui n'peuv'nt êtr' bonn'tiers,
Pas même chansonniers, sav'tiers
  Ou psychologues,
Qu'ils s'pénètrent de c' princip'-là :
L' monde est à ceux qui n' s'épat' pas,
Et sans s' fair' de bile, ils n'ont qu'à
  S' mettr' graphologues !

LE VERRIER OUVRIER.

A quand un volume de Gyp : *Ohé ! les Graphologues !*

Après la note gaie, la note sérieuse — cette dernière donnée par *La Patrie* et par *Le Gaulois*, mélangeant ainsi agréablement prose et poésie. Dans *la Patrie* d'abord, le Rêve..., un nouveau « Rêve » de Zola — cette fois à l'usage des grandes personnes et des militaires :

LE RÊVE DE ZOLA

Avec un peu de fiel, de rancune et de haine,
Je ferais un martyr du lâche et du félon.
Si j'avais une preuve, un indice, un soupçon
Contre un loyal soldat, grand chef ou capitaine.

J'aurais des airs vainqueurs et la mine hautaine ;
On vanterait mon cœur, mon esprit, ma raison.
Quand Dreyfus, par mes soins sorti de sa prison,
Aurait laissé là-bas sa case, aussi sa chaîne.

Sans preuves, il est vrai, j'accuse Esterhazy
Et l'armée et ses chefs. A quoi bon ? Car voici
Que mon ballon piteux se dégonfle et se crève.

C'est un roman de plus, insensé, que j'ai fait !
Certain, prouvé, flagrant, restera le forfait :
La preuve que ma main ne tient pas n'est qu'un rêve !

Mais ici, du roman à la réalité il n'y a pas loin, et voici avec quels accents *La Patrie* « journal », maudit la « trinité juive ».

La séquelle Zola, Dreyfus et Labori
Dans le buisson des lois en vain cherche un abri ;
Conspuons Labori, Zola, Dreyfus l'infâme ;
A leurs noms exécrés tout notre cœur s'enflamme.
A l'audace d'un traître enfin crions : Holà !
Maudits soient et Dreyfus, Labori et Zola ! !

Au *Gaulois*, maintenant, qui, quelquefois, cultive la poésie avec succès et, tout comme *la Patrie*, se laisse emporter par la fibre patriotique.

D'abord, ces vers qui répondent d'une manière indirecte à l'image du *Fischietto* représentant

Zola en Christ. D'après le poète en titre du *Gaulois*, le crucifié serait une crucifiée : l'armée française.

LE VERDICT

C'est fini. Le jury, fossoyeur de l' « affaire »,
Pour la honte exhumée a creusé dans la terre
Le trou profond qui doit cacher la trahison...
Pour oublier l'endroit, semons-y du gazon !
Que le triste fumier répandu sur la France,
Aide à pousser plus dru les fleurs de l'Espérance !
L'Étranger te guettait aux bouches de l'égoût,
Soldat ! Sur le rempart montre-toi donc debout !
Dresse ton front sans tache et montre ta main nette,
Et que ton regard clair comme la baïonnette
Fixe les champs lointains où sont les ennemis...
Et si sous ton talon grouillent quelques fourmis,
Sans bouger pour si peu ton buste de colosse,
Tu les écraseras en déplaçant ta crosse !
Et puisqu'un avocat espérant un effet,
A parlé de Pilate et de ce qu'il a fait,
Le pays tout entier lui répondra, sévère,
Avec plus de raison, évoquant le Calvaire,
Qu'un seul homme a voulu par orgueil fanfaron
Crucifier l'armée en sauvant le larron !

Le « larron n'est pas sauvé, mais l'homme à l'orgueil fanfaron » qui, tous les jours, se sauvait des *cannibales* — et point tort il n'avait, il faut le reconnaître, — *l'homme au rêve, l'homme à l'idée fixe, l'homme aux grands tirages* — je choisis ces qualificatifs entre cent autres dans la presse quotidienne — devait encore inspirer la muse du *Gaulois*, sous la forme suivante :

L'IDÉE FIXE

Donc, il revenait du Palais,
Et sans flâner, je vous assure !
Car des gens, en très bon français,
Au passage de sa voiture
Le qualifiaient de noms très laids,
Que fournissaient avec usure
Tous ses livres à grand succès !

Or, quand le sapin déchargea
Son précieux colis dans sa turne,
Un camelot qui la longea
Hurlait quelques feuilles nocturnes...
Alors l'auteur se rengorgea
Et murmura, moins taciturne :
« La septième édition !... déjà !! »

Les succès, les gros tirages, la réclame ! C'est entendu ; Zola ne voit et n'a jamais vu que cela.

Mais que voient donc les autres, grand Dieu !

Et maintenant, allez-vous dire, c'est tout ; la poésie a donné de toutes les façons, sous toutes les formes.

Pardon, il y a encore, sans parler des complaintes, une longue histoire rimée : la clef du procès, d'une clarté lumineuse comme toute l'affaire, du reste, publiée par la *Réforme* de Bruxelles, en ses *Rimes de la Semaine*. Cela vaut certainement les honneurs de la reproduction car, après la note *j' m'en foutiste*, après la note purement comique, après la note batailleuse, c'est la note railleuse du récit légendaire fait en vers à la manière d'un Épinal.

Les Rimes de la Semaine

Histoire simple

> Les hommes sont fâchés que la vérité soit si simple.
> GOETHE.

Voici : Des gens racontent — moi, je n'en sais rien ! —
Qu'un officier nommé Dreyfus, mauvais chrétien.
(C'était un juif) eut un jour cette fantaisie,
(Les uns font du sport, d'autres de la poésie ;
Respect à tous ces goûts !) de, pour quelques argents
Fort nécessaires à ses besoins exigeants,
Vendre des papiers à l'ambassade allemande.
Or, il est malséant — faut-il qu'on le demande ? —
Qu'un officier, le fût-il des chasseurs à pied
Ou des hussards, se mette à vendre du papier !
Donc il s'en fut chez l'ambassadeur d'Allemagne,
Lequel se trouvait justement à la campagne.
Sans s'arrêter à ce détail, dans le bureau
Dreyfus entra ; prenant en poche un bordereau,
Il le glissa dans un panier. Ainsi fut faite
La chose ! Or, l'écriture, fort bien contrefaite,
Était d'un commandant Esterhazy, lequel
(Ceci n'est qu'un avis qui m'est tout personnel),
Au lieu d'imaginer sa remarquable histoire,
Remarquable à ce point que nul ne veut y croire,
De parler, de crier et de frapper du poing,
Aurait mieux fait de r'Esterhazy dans son coin !
Donc — c'est limpide — ce commandant du génie
Ou des dragons — qu'importe ? — avait eu comme amie
Une dame du demi-monde, ou bien du quart,
Laquelle connaissait un colonel Picquart.
Vous suivez ? — Cette dame, âme triste et maussade,
Aimait de prendre l'air contre la palissade

Du pont Alexandre trois que Nicolas deux
— Vous souvient-il ? — inaugura un jour heureux !
Là se trouvaient Félix Faure, monsieur Méline...
Mais je m'égare ! Je reprends : D'humeur chagrine,
Cette dame voulait perdre ce colonel !
Or — cela ne tient-il pas du surnaturel ? —
A cette même époque, un autre homme énergique,
Forzinetti, tentait de fonder en Belgique
Une salle de danse et de jeux combinés :
Le Criterion, projet charmant ! — Vous comprenez ? —
Craignant alors que quelque erreur ne se commette,
— Ai-je dit que la dame avait une voilette ? —
Un monsieur fort connu, sénateur de Strasbourg,
Et qui dormait l'après-midi au Luxembourg,
Rassembla quinze cents pièces, avec tendresse,
En fit un gros dossier, écrivit à la presse
Qu'il en parlerait, se tut, parla un petit peu,
Puis se tut. — Aussitôt, un sieur Dreyfus Mathieu,
Qui ne connaissait pas, ou ne connaissait guère
La dame, écrivit au ministre de la guerre.
Vous comprenez ? — C'était fort simple, en vérité,
Aussi, n'écoutant plus que son humanité,
Cherchant à retirer le pauvre homme du bagne,
S. M. Guillaume deux, empereur d'Allemagne,
Que cette histoire-là empêchait de dormir,
Écrivit à son tour à monsieur Casimir-
Perrier. Et tout ceci, tout au moins, vous explique
Pourquoi ce président de cette république
Se trouvant dans une fausse position,
Se dépêcha de donner sa démission.
Si ça ne jette pas un jour considérable
Sur le point de savoir si Dreyfus est coupable !

Pichino.

Parfaitement, j'ignore si Pichino s'est fait comprendre des lecteurs belges de *La Réforme* belge,

mais je suis certain que les lecteurs français de
« mon affaire », trouveront que de toutes les histoires de brigands imaginées pour embêter le bon
public, celle-ci paraît être encore la plus claire.

Mais ceci ne serait pas complet si, comme la
prose, la vile prose, la poésie ne s'était, elle
aussi, amusée à publier des parodies du *J'accuse*.
« J'accuse ! » jamais mot ne fut plus à la mode,
et plus facilement ne se déclina. La poésie a eu le
J'accuse « du pauvre chemineau » et le *J'accuse*
du vélocipédiste. Entre ces deux je n'hésite pas,
je choisis le second, puisque le vélocipède, lui
aussi, a voulu se mettre de « l'affaire ».

J'ACCUSE!...

Pour Maurice Prax.

Or, puisque d'accuser en ce jour c'est la mode,
Je vais à ce propos, lecteur, te faire une ode.
J'éprouve le besoin d'accuser tour à tour
Tout ce qui me déplaît et m'agace en ce jour !...

J'accuse le cocher d'écraser le cycliste !...
J'accuse maint coureur de trop aimer la piste !...
J'accuse celui qui trouve le cycle affreux !...
J'accuse aussi les clous de perforer nos pneus !...

J'accuse les humains appelés vélophobes
De nous gêner toujours, d'encombrer notre globe !...
J'accuse le pédard de courir comme un fou,
Car trop souvent, hélas ! il se casse le cou...

J'accuse l'arroseur d'être un faiseur de boue !...
J'accuse le gros chien qui se met dans ma roue !...

J'accuse encor la loi de taxer nos vélos,
Et j'accuse l'hiver de commencer trop tôt !...
J'accuse.. ou plutôt non, car si je ne m'abuse,
Voilà longtemps déjà que sans pitié j'accuse !
J'ai beaucoup accusé, cela m'a fait du bien ;
Si l'on veut m'attaquer, lecteur, sois mon soutien.

    Janvier 98.   ANDRÉ FLOUGAULT.

Que d'accusations, *bone Deus*. Heureusement que les *vélocipéteurs* n'ont pas encore de cour d'assises pour juger des cas d'insultes à S. M. Vélocipède, Dieu tout puissant, et à son armée de *pousseurs de roues*. « J'accuse! ». Oh non! grâce, grâce !

Eh bien ! si, « j'accuse » la poésie d'avoir, sur le dos de Zola, fait le procès de la prose.

A la recherche du traître.

        (*Fischietto*, de Turin.)

LES JOYEUSETÉS DE L'ANNONCE

ET DE LA RÉCLAME

Les annonces. — Les échos. — Rien ne va plus. — Versiculets Congolais. — Les apéritifs réclamiers. — L'annonce à l'étranger.

Oh! la réclame. Terrible et sans pitié vraiment. On avait eu la réclame franco-russe dont les plus amusants spécimens se trouvent en mon *Musée Pittoresque du voyage du Tsar*. Et voici pour ne point perdre les bonnes habitudes, tant ce cinquième pouvoir fait, maintenant, partie de notre vie, de notre organisme, les réclames dreyfusiennes — anti-dreyfusiennes. Je me hâte de le dire, pour qu'on ne se figure point que la question qui divise notre monde politique a également divisé le monde des affaires.

Réclame de première page, réclame de troisième page, échos et faits divers, toutes les formes habituelles de l'annonce ont eu recours au tire-l'œil de l'affaire Dreyfus; — les unes par de simples titres habilement ménagés, les autres par l'habituelle historiette en laquelle on fait intervenir la ou les personnes à la mode.

Couramment l'on a pu voir des échos mondains ou des réclames, commencer sous la forme suivante :

« Bien que les soucis du procès Zola absorbent les esprits et attristent l'hiver de 1898, quelques salons ont entrebaillé leurs portes. »

Ou :

« Après l'influenza, Zola. Après la gorge, les écarts de plume et de langage !

« Cela n'empêche pas les magasins, etc... »

Ou encore :

« Pour oublier le procès Zola.

« Passé aujourd'hui chez M. X. où sont exposées les admirables eaux-fortes de Z. »

Ou bien encore :

« Pour se remettre des fatigues des longues séances du Palais de Justice, si recherchées de nos mondaines, rien ne vaut un tour au Bois en s'arrêtant au Pavillon... »

Expositions, lieux de plaisirs, spécialités médicales, liqueurs, parfumerie, grandes mises en vente, tout fut à l'affaire.

Souvent un titre, un simple titre ; — mais combien d'actualité, combien fait pour retenir le regard :

TRAITRE

Rien d'aussi traître, ni d'aussi funeste que les suites de l'influenza, de la grippe et de toutes les maladies hivernales négligées. Ah! si tout le monde avait le bonheur de connaître les Pastilles Poncelet! Que de catastrophes évitées! etc...

Puis cet autre :

LE SYNDICAT

Le véritable Syndicat, celui qui possède toutes les sympathies et n'excite que la reconnaissance et la gratitude, c'est celui de l'*Élixir et de la confiture Saint-Vincent de Paul*, ces deux merveilleux remèdes qui guérissent également, l'un et l'autre, l'anémie en vingt jours.

Par l'Élixir ou par la Confiture, tout anémique est sûr de vaincre radicalement la maladie en moins de trois semaines sans rien changer à son régime et à ses habitudes.

En vente dans toutes les pharmacies. Se méfier des imitations.

Traître — Syndicat — Dreyfus — Zola — Labori. On n'entend que ces mots; on ne cite plus que ces noms. Aussi, de temps à autre, apparaît un écho de protestation dans le genre, dans le goût du suivant emprunté au *Journal* :

Dans un bar américain. C'est l'heure du coktail. Guy, Gontran et Gaston parlent de ce dont il est impossible de ne pas parler à l'heure qu'il est :

Guy. — En somme, tout ça devient rasant.
Gontran et Gaston. — Sûr!
Guy. — Le commerce se plaint.
Gaston. — Bah! c'est son habitude!
Guy. — Les théâtres ne font pas le sou...
Gontran. — Pas intéressants, les théâtres!
Guy. — Les restaurants sont presque vides.
Gaston. — On va donc pouvoir s'y faire proprement servir!
Guy. — Et puis, voici les courses qui recommencent...
Tous les assistants, *en chœur.* — Oh! ça, c'est sacré! On ne va pas compromettre la saison des courses, peut-être! Assez d'histoires, assez de procès! Conspuez...

Et on échange des tuyaux pour la première journée d'Auteuil...

***

Théâtres, restaurants, boutiquiers, vendeurs en gros ou en détail, tout cela est fort bien, mais il y a encore autre chose, un commerce connu de toute antiquité avec de nombreuses prêtresses, avec de nombreux officiants, de nombreux fidèles et, cette fois, sans se faire l'écho d'une officine particulière, le *Journal*, par pure galanterie, prend en main la cause des pauvres abandonnées, des pauvres sacrifiées :

Rien ne va plus! C'est le cri du jour, et il n'est pas besoin, pour l'entendre, d'aller jusqu'à Monte-Carlo.

Paris est tout au grand procès. Il ne veut plus, il ne peut plus s'occuper d'autre chose, penser à autre chose.

Et de tous les commerces, savez-vous quel est le plus atteint? C'est celui dont la désignation, en termes honnêtes, est si difficile que nous ne nous risquerons même pas à l'essayer.

Hélas! hélas! que de beaux yeux vont pleurer!

Si Zola avait été un enfant chéri des muses et des prêtresses cythéréennes, pareils malheurs, assurément, ne seraient point arrivés. Les beaux yeux n'eussent point pleuré.

Donc, assez de procès ? Conspuez.... et laissez-nous nous amuser.

Soit. Mais où, pour ne pas avoir les oreilles trois fois assourdies.

Où ? — Le même *Journal* va nous l'apprendre en un écho où le coktail joue encore son rôle :

Chanteclair rencontre son ami le Vieux-Peuplier. Et aussitôt il lui propose un petit pari :

— Cent mille francs...
— Non... C'est trop.
— Alors, un coktail, un simple coktail : que je sais un endroit où, après-demain samedi, de toute la soirée, il ne sera point parlé de l'affaire Dreyfus, de M. Zola et de la cour d'assises.

Cet endroit, c'est (le deviner n'est pas bien difficile) le Casino de Paris, où, les nuits de redoute, on ne songe qu'à s'amuser, et où l'on n'a pas un instant le loisir de penser aux tristesses de l'heure présente.

Amusez-vous, gens de la noce, ou plutôt gens de nopces et surtout ne vous attardez point à la lecture des annonces, car la bataille n'est point finie s'il faut en croire le parfumeur que tout le monde sait. Lisez plutôt :

> **Projets de revanche**
> Le syndicat, dit-on, reprendra l'offensive;
> Il veut tout chambarder, France, armée et drapeau.
> Ça prouve qu'il n'a pas assez d'une lessive,
> Et veut encore un bain de savon du Congo.
> E. Cany, au parfumeur Vaissier.

Ce n'est plus la chanson, ce n'est plus l'image seulement qu'il faudra consulter à l'avenir, pour écrire l'histoire; l'annonce, elle aussi, fournira sa part, surtout quand, comme le savon du Congo, elle suit pas à pas tous les événements, du moindre au petit, enregistrant soigneusement en quatrains qui, souvent, ne manquent pas d'esprit, les actualités les plus diverses.

Pour blanchir un traître, ne suffiraient point les *soixante mille pains de savon que Victor Vaissier, par jour, parfume et vend*. Quoi qu'il en soit, patriote avant tout, notre parfumeur modèle savonne ferme le condamné Zola.

Que dis-je! il se met contre lui avec les crayons populaires, avec les amusettes de Léon Hayard, et il tranche dans le vif. Jugez :

> **LA MORALE PAR L'IMAGE**
> L'image populaire à son tour fait justice
> Du condamné Zola, qu'on voit dans un tonneau,
> Souillé, couvert de mille choses qui salissent,
> Tandis qu'un blanchisseur le savonne au Congo.
> A. Brézinet au parfumeur Vaissier.

Savonnez, savonnez ferme, mes frères : ainsi l'a décidé Vaissier.

Conclusion : la savonnerie ne se ressent point du marasme général.

Un de mes amis, pharmacien, grand collectionneur et observateur subtile, me faisait remarquer que, quand les affaires vont mal, la pharmacie, elle aussi, ne va pas : on regarde à acheter des remèdes, on se soigne le moins possible. S'il faut en croire les fanfares retentissantes de l'écho, il n'en serait point de même des liqueurs.

Lisez :

Savez-vous à qui les écœurements causés par le procès Zola ont le plus profité?
— Au Quinquina Dubonnet, dont il a été fait une consommation extraordinaire, ces temps derniers, aux environs du Palais de Justice. Chacun semblait avoir besoin de se reconforter avec cet excellent tonique, qui est en même temps le plus salutaire des apéritifs. L'affaire Dreyfus-Zola faisant augmenter la vente du Quinquina Dubonnet, voilà un résultat que personne n'aurait prévu...

Et le *Quinquina Dubonnet* qui a son sac plein de malices n'a pas voulu laisser se terminer l'affaire sans apporter, lui aussi, ses conclusions. Tout à l'heure, c'était le *Journal;* maintenant c'est dans l'*Aurore.*

On s'est demandé comment M⁰ Labori avait pu résister pendant quinze audiences aux fatigues du procès Zola. La raison est bien simple : l'honorable défenseur ne boit que du QUINQUINA DUBONNET.

Que dis-je ! le présent ne lui suffit même plus à ce roi des apéritifs ; il lui faut de plus vastes horizons ; il prédit l'avenir. Témoin cet écho, en première page du *Figaro*.

> Tout passe : les événements politiques, les journaux, le procès Zola, les ministères et les gouvernements, etc., etc. — l'oubli se fait, — et, songeant philosophiquement au néant des choses humaines, nos petits-fils se réconforteront comme leurs grands-parents avec un petit verre de quinquina Dubonnet, cet apéritif éternel, sans rival, qui, lui, cependant, n'est pas près de passer.

L'affaire est enterrée ; la réclame ne désarme pas — c'est encore elle que les apéritifs invoquent.

⁂

Le 6 février, annonces et échos portaient partout : « Avant d'entrer dans la période des débats judiciaires, signalons, etc. »

Le 25 février, un commerçant à la coule faisait insérer cette petite note, chef-d'œuvre de la réclame moderne :

La fin de l'affaire Zola

Avec le verdict rendu hier, l'affaire Zola est terminée. Les agents évacuent les abords du palais de Justice pour se porter, 21, rue Greneta, où la foule assiège la maison Hattinger pour se procurer les célèbres montres simili-or à 15 fr. — (Voir annonces.)

⁂

Garçon, une Bénédictine pour remonter le moral à MM. les Jurés! Garçon, un quinquina, pour permettre à l'avocat de déposer ses nouvelles et dernières conclusions.

Et dire que la Réclame a malmené celui à qui elle devait tout ; celui qui lui a permis de renouveler les formules vieillies de l'écho, du fait-Paris et même du vulgaire fait divers. O ingratitude humaine!

Toutefois, que Zola ne désespère point ; le jour est proche, certainement, où de Londres nous arrivera quelque magistrale composition pour savon, vinaigre, liqueur, brillant, avec un Zola, comme il y a des Napoléon Ier, des Queen Victoria, des prince de Galles.

Déjà, du reste, l'annonce étrangère se met, elle aussi, de la partie. Voici, en effet, ce qu'on a pu lire à la quatrième page d'un journal de Bruxelles :

> Avocats, orateurs, chanteurs, tous prenez,
> à l'exemple du défenseur de
> Ém. Zola
> l'excellent Lekkerbeet hollandais
> Pot de 12 filets hareng-crème délicats. . . . . . . 1 fr. 25
> 15 dos d'anchois confits sur houblon extra. . . . . 1 »»
> Godet de pâte d'anchois-Bloater. . . . . 1 »»

Quel gouffre ce Me Labori!

Après le quinquina D...., le Lekkerbeet hollandais. Demain sans doute, ce sera le pain d'épice de Dijon, le leckerlei de Bâle, ou l'absinthe suisse.

Boissons et gourmandises, c'est à qui se recommandera du défenseur d'Ém. ZOLA.

Avoir été prince, empereur et roi, avocat éloquent, écrivain puissant, et finir réclame pour dos d'anchois ou étiquette pour quinquina.

Tout est-il donc si peu, que ce soit là, désormais, le sort réservé aux grands hommes.

Juré surmené par cent cinquante dépositions, obligé de prendre de nombreux verres de Bénédictine pour se remonter le moral.

Annonce illustrée de Henriot (*Le Figaro*).

Résultat de la condamnation.
(*L'Uomo di Pietra*, de Milan.)

CHOSES ET AUTRES

AUTRES TEMPS,

AUTRES MŒURS.

C'EST LA FAUTE

A VOLTAIRE,

C'EST LA FAUTE A ZOLA.

NOTICES DIVERSES

— Heureusement que l'armée est intervenue, sans quoi cette plèbe, sous prétexte que le pain a renchéri, eût saccagé les boutiques.
— Mais ne me disiez-vous pas être contre le militarisme ?
— Ah ! certainement, mais... en France !

(*Don Chisciotte*, de Rome, février 1893.)

I. AUTRES TEMPS, AUTRES MŒURS

D'Escherny, l'auteur du *Moi humain* avant M. Maurice Barrès, écrivait en 1763 : « Quand Rousseau fut décrété de prise de corps par le Parlement, quelques personnes craignant, bien à tort, pour leur sécurité, voulurent brûler celles de ses œuvres qu'elles possédaient. Un magistrat, consulté par elles sur ce point délicat, fut le premier à les en dissuader. »

Sous la Restauration, Louis XVIII, apprenant que les jésuites d'un collège de province avaient fait un joyeux auto-da-fé de Voltaire et de Rousseau, ne put s'empêcher de dire : « Les malheureux ! Ils ne savent pas que ce feu de papier pourrait mettre le feu au pays ! »

En 1786, quelqu'un ayant proposé de faire subir la même opération aux histoires perverties, ennuyeuses et immorales de Restif de la Bretonne, Mercier lui répondit : « Dans un siècle, c'est nous qui serions mis au pilori pour une pareille barbarie. »

Mercier se trompait, car le 25 février de l'an de grâce 1898 — plus au XVIII° siècle, par conséquent, — *La Patrie* imprimait ce qui suit :

Bravo, les Soldats !

On nous écrit d'une ville frontière :

Les sous-officiers des régiments en garnison dans notre ville ont décidé de nettoyer leur bibliothèque des livres de Zola et de brûler ses œuvres.

L'opération a été faite séance tenante dans la cour de la caserne.

Voilà un exemple à suivre.

Cet exemple a été suivi : le vœu de *La Patrie* a été exaucé, car le lendemain même, le 28 février, ce journal publiait l'entrefilet suivant :

Le bureau de la Bibliothèque populaire de Bagnols a décidé, en réunion générale, de brûler les ouvrages de M. Zola. Le feu purifie tout !

Décidément, cela va bien. Le progrès des lumières se fait vivement sentir.

A quand la « purification » des bibliotèques ?

A quand l'Inquisition du papier pour régler soigneusement ces auto-da-fé solennels ?

II. C'EST LA FAUTE A VOLTAIRE, C'EST LA FAUTE A ZOLA.

« Les affaires sont arrêtées ; le commerce ne marche plus ; les transactions sont nulles. »

Vieille rengaine.

C'est la faute à personne ; c'est la faute à tout le monde.

Détrompez-vous : c'est toujours la faute à quelqu'un ou à quelque chose. Il y a toujours eu un bouc émissaire, une tête de Turc sur laquelle on a tapé dur et ferme — *comme un seul homme contre un seul homme*, suivant la légende d'Hermann Paul.

Écoutez plutôt.

En 1815, c'est la faute au « bandit corse » (sic).

En 1824, c'est la faute au général Foy ; c'est la faute à Lafayette, nous apprend un pamphlet.

Et puis, quand on ne trouvait personne, sous la Restauration, il y avait toujours les philosophes, les infâmes, les impies.

« Le commerçant du coin a fait faillite », disait en 1824 le chroniqueur d'une vaillante petite feuille, *Le Miroir* ; « c'est la faute à Voltaire ; la compagnie générale d'entreprises parisiennes a dû déposer son bilan; c'est la faute à Rousseau. — Un jeune homme vient de se jeter par la fenêtre du haut d'un cinquième étage, c'est la faute à Voltaire; un ministre vient d'être fait cornard, c'est la faute à Rousseau. »

De 1830 à 1848, ce fut la faute à l'opposition.

« Comment voulez-vous que les affaires marchent », lit-on dans le *Moniteur* de 1844, « quand des députés et des journaux se permettent de mettre tout en doute, même les arrêts de la justice. Aussi le commerce souffre-t-il cruellement de cet état de choses. »

De 1849 à 1852, c'est la faute à Proudhon, c'est la faute aux socialistes. Une amusante caricature de Cham nous montre les commerçants venant féliciter Proudhon de son départ pour la Belgique. Et ils le couvrent de fleurs, entonnant en chœur « les affaires vont reprendre. »

Sous le second Empire, ce fut surtout la faute à Rochefort. Comme cela est loin! En 1869, *La Patrie* (ancienne manière) imprimait ceci: « Les appels à l'émeute d'un monsieur qui n'a rien de Français sont autant d'appels à la fermeture des boutiques, à l'arrêt complet des transactions commerciales; et qui profitera de cette stagnation des affaires? l'étranger! » Aujourd'hui, c'est Zola. Voilà. Vieilles ficelles, vieux clichés.

III. CHOSES ET AUTRES RECUEILLIES DANS LA PRESSE.

DÉMÉNAGEMENT DE ZOLA

Un genre bien français, populaire surtout sous la Révolution, fut d'annoncer dans les pamphlets politiques mis en vente sous le titre d'almanach ou calendrier, les adresses et les changements de demeure des hommes du jour. C'est ainsi qu'on logeait Robespierre rue des Chandeliers, à Arras ; Camille Desmoulins, rue des Anes ; Madame de Staël, rue des Vieilles-Garnisons ; le Peuple lui-même, rue des Marionnettes et les vainqueurs de la Bastille, rue des Portes-Ouvertes. Sous la Restauration, ce genre était revenu à la mode, mais depuis, on n'y pensait plus guère. Il a fallu le procès Dreyfus pour nous ramener cela sous la forme de l'entrefilet suivant publié par *La Patrie*:

IL DÉMÉNAGE

Le père de Mouquette ne déménage pas seulement moralement : on nous assure qu'il a donné congé de son hôtel de la rue de Bruxelles et qu'à partir du mois prochain il habitera rue de Berlin. Là, il se sentira mieux chez lui.

L'ANAGRAMME DE ZOLA

Plusieurs journaux italiens ont publié cet anagramme que je reproduis à titre de curiosité :

Emilio Zola forme les mots : *Amo il lezo* (j'aime l'ordure).

Et les feuilles anti-zolaistes trop heureuses de cette bizarre trouvaille se sont empressées d'ajouter :

« Qu'on ne dise pas que le hasard est menteur ! »

LE NOM DE « ZOLA »

On lit dans le *Petit Provençal* :

Si M. Emile Zola a, en ce moment, un grand nombre d'adversaires, il compte en revanche quelques admirateurs fervents. M. T. C... qui se présentait, hier, au bureau de l'état-civil pour y faire une déclaration de naissance, est sans doute de ceux-ci. En effet, comme l'employé lui demandait sous quel prénom il entendait faire inscrire l'enfant, M. C... répondit triomphalement : « Sous le prénom de *Zola !* »

Inutile de dire qu'on ne put se prêter à cette fantaisie bizarre d'état-civil, la loi de germinal an XI indiquant expressément que « les noms en usage dans les différents calendriers et ceux des personnages connus de l'Histoire ancienne pourront seuls être reçus comme prénoms sur les registres de l'état-civil. »

Dans le même ordre d'idées, d'après l'*Évènement* :

Il paraît qu'un brave Hongrois, habitant une peu notoire localité du nom de Nagyravad et répondant lui-même à celui de Gruenberg, postule pour changer son nom patronymique en celui de Zola, qu'il juge plus euphonique.

RECORDS JUDICIAIRES

Le procès Zola, qui nous a paru interminable, ne bat

point le record de longueur des affaires judiciaires... Les quinze audiences de l'affaire Zola-Dreyfus-Labori ne sont rien, comme durée, auprès de certains procès célèbres d'autrefois.

C'est ainsi que l'affaire Warren Hastings, en Angleterre, ne dura pas moins de sept ans, de 1788 à 1795. Il s'agissait d'un gouverneur général des Indes, accusé de concussion. Plus tard, toujours en Angleterre, le procès intenté devant les tribunaux de Londres au garçon boucher Arthur Orton, poursuivi pour détournement d'héritage, tint cent deux audiences en 1871 et 1872 et cent quatre-vingt-huit en 1873 et 1874. Enfin rappelons l'affaire Naundorff-Chambord, devant la cour d'appel de Paris, en 1874, dans laquelle la seule plaidoirie de Jules Favre dura huit audiences.

Auprès de ces « records » judiciaires, l'affaire Zola peut donc passer pour un petit procès de rien du tout et la défense de M⁰ Labori comme une plaidoirie quasi-télégraphique.

Tout est relatif.

LE PROCÈS ZOLA ET LES CRIEURS DE JOURNAUX

Petits renseignements donnés par *Le Gaulois* du 27 février :

Les dix-huit jours du procès Zola ont été l'âge d'or des camelots vendeurs de journaux.

C'est ce qu'une petite enquête faite rue du Croissant nous a confirmé.

Depuis l'ouverture du procès Zola, la moyenne de la journée d'un camelot a été de vingt francs. Hier et avant-hier ce chiffre a presque doublé.

— Mais, nous disait l'un d'eux, pour arriver à ce résultat, il a fallu rudement se dégourdir les... guibolles, connaître son Paris et les diverses catégories d'acheteurs. Tel journal du soir, d'allure grave, presque officielle, n'aurait aucune chance d'être vendu dans les quartiers populeux. Par contre, tel autre, que je ne veux pas nommer pour ne pas faire de jaloux, est instantanément enlevé dans les faubourgs. Les vieux routiers qui savent cela — comme moi par exemple — sont arrivés, ces temps derniers, à se faire des journées de députés. Mais le métier est dur, il faut avoir le gosier solide, et dame ! pour se tenir en voix, les stations chez les marchands de vins sont nécessaires... Le temps d'avaler un petit verre et en marche !...

LE PAVILLON COUVRE LA MARCHANDISE

Encore un vieux truc — point fantaisiste celui-là — auquel on a eu quelquefois recours, lors des soulèvements populaires.

A l'époque de Law, au moment des agitations de la rue Quincampoix, il fut souvent employé et l'on n'a pas oublié le fameux : *Ici l'on n'a plus rien à law... er.*

Les troubles d'Alger devaient voir revenir cela sur une grande échelle. Voici, du moins, ce que nous apprend le journal *Le Turco* :

Enseignes suggestives

Tous les magasins français voulant se préserver de la fureur destructive des manifestants avaient collé des écriteaux sur leurs devantures, mentionnant qu'ils n'étaient pas juifs.

Quelques-unes de ces enseignes méritent de passer à la postérité :

Un marchand de vin avait écrit : « *Marchandise baptisée.* »

Un autre négociant : « *Maison catholique apostolique et non romaine.* »

Un autre : « *Maison marseillaise.* »

La majorité : « *Maison catholique.* »

Ce que de libres-penseurs se sont convertis pendant ces troubles !

A bon vin, point d'enseigne ; à commerce suspect ou suspecté, enseigne ronflante.

L'ASSAUT DU CAPITOLE
Dessin de CARCO

(*Le Turco*, d'Alger, 4 mars 1898).

Ce qu'il y a dessous toutes les découvertes
de l'affaire Dreyfus... Le Juif.

(*Kikeriki*, de Vienne, 16 décembre 1897.)

BIBLIOGRAPHIE

AFFAIRE DREYFUS — PROCÈS ZOLA

La route de l'île du Diable a été quelque peu restaurée.
(*Figaro*, de Vienne, 12 février 1898).

La joyeuse entrée d'Esterhazy Ier, empereur, par Julio

(*La Réforme*, de Bruxelles, 26 février 1898.)

LIVRES ET BROCHURES

D'après *Le Gaulois*, du 10 février, à cette date il avait été fait au Parquet la déclaration de *soixante-dix-sept* publications nouvelles se rapportant apparemment à l'affaire Dreyfus. Sur ce nombre, soixante-quatre brochures destinées à être mises en vente par crieur, telles les *Lettres* de Zola et les réponses aux dites. Je donne ici tout ce qui a figuré sur les listes du dépôt légal.

Une erreur judiciaire. — La vérité sur l'affaire Dreyfus ; par Bernard LAZARE. Paris, P. V. Stock, 1896. In-18.

Premier mémoire exposant les faits qui ont amené la condamnation du capitaine Dreyfus ; première publication laissant entrevoir la possibilité de l'idée d'une erreur judiciaire et apprenant que le capitaine avait été condamné sur une preuve unique.

— Une erreur judiciaire. — L'affaire Dreyfus ; par Bernard LAZARE. (Deuxième mémoire, avec des expertises d'écritures de MM. Crépieux-Jamin, Gustave Bridier, De Rougemont, Paul Moriaud, E. de Marneffe, De Gray-Birch, Th. Gurrin, J.-H. Schooling, D. Carvalho, etc.) Paris, P. V. Stock, 1897. In-8.

Mémoire destiné à apporter la démonstration que la seule preuve invoquée par l'accusation contre Dreyfus se retourne contre elle.

— Comment on condamne un innocent ; par Bernard LAZARE. L'acte d'accusation contre le capitaine Dreyfus. Paris, P. V. Stock, 1898. In-8. 50 centimes.

Publication de l'acte d'accusation complet du commandant d'Ormescheville, suivi de notes de l'auteur.

— Dreyfus ? par le capitaine Paul MARIN. Paris, Librairie Illustrée, 1897. In-12. 3 fr. 50.

Documents. Hypothèses. Comptes-rendus officiels. Polémiques de presse. Expertises d'écritures. L'affaire Weyl. Campagnes de 1895, 1896, 1897. Intrigues et manœuvres souterraines. Scheurer-Kestner, Monod, Zola. Ténèbres et lumière.

Ouvrage fait avec conscience et impartialité, s'ouvrant par une lettre à Drumont, ami de l'auteur. M. Paul Marin demande qu'il soit fait droit à la lettre de Gabriel Monod désirant *être soulagé d'un doute qui l'obsède, de cette conviction de l'innocence de Dreyfus qui lui fait mal.* La publication de l'acte d'accusation et des documents de la cause ne pourrait, estime-t-il, que rendre la quiétude aux âmes droites et sincères.

— La revision du procès Dreyfus. — Faits et documents juridiques. « Quiconque fait le mal hait la lumière » (Évangile selon Saint-Jean, III, 20.) Fiat justitia, ruat cœlum ; par Yves GUYOT. Paris, aux bureaux du *Siècle* et P. V. Stock, 1898. In-8. 2 francs.

Introduction. Toute la vérité. L'acte d'accusation. Analyse méthodique de l'acte d'accusation et du rapport du commandant

Ravary. La pièce secrète du procès. Fac-similés. Se termine par un appel aux républicains libéraux contre la violation de la loi.

— **L'affaire Dreyfus. — Lettre à la France;** par Émile ZOLA. Paris, Fasquelle. In-8. 10 centimes.

— **L'affaire Dreyfus. — Lettre aux étudiants;** par Émile ZOLA. Paris, Fasquelle. In-8. 10 centimes.

— **La vraie réponse des étudiants à MM. Émile Zola et Aujar.** — Prix : 10 centimes. Léon Hayard.

Sur papier jaune. Signé : Un groupe d'étudiants.

— **Affaire Dreyfus. — Réponse à Émile Zola;** par Jean CARRÈRE. Paris, librairie Rouam et C°. In-8°. 10 centimes.

Publication annoncée par le dépôt légal, mais inconnue à la librairie Rouam.

— **Lettre ouverte à Émile Zola,** en réponse à sa lettre au président de la République; par J. M. LENTILLON, membre de la Société littéraire, historique et archéologique de Lyon. Lyon, imprimerie Alricy. In-8. 10 centimes.

Plaquette contre Zola. « Dreyfus fut-il victime de la plus incroyable des erreurs », dit l'auteur, « le devoir d'un Français ayant conscience de sa responsabilité de citoyen était de se taire. »

— **L'affaire Dreyfus.** Les dessous d'une trahison par le comte de W... In-18. Paris, librairie des nouvelles collections illustrées.

Publication avec vignettes et portraits donnant l'historique de l'affaire, les archives, récits et documents depuis 1895 et la campagne en faveur de la revision trois ans après.

Tout en faisant de l'histoire de bonne foi, l'auteur déclare « s'être mis du côté de la loi parce qu'il a confiance en elle ».

— **La Révolution en marche;** par M. Saint-Georges de BOUHÉLIER. Paris, P. V. Stock. In-8°. 50 cent.

L'auteur, un jeune qui s'est fait connaître par plusieurs œuvres retentissantes, affirme la prédominance des hommes de pensée sur les politiciens grossiers qui détiennent le pays. « Les représentants du peuple ne sont point les démagogues » dit-il, « ce sont les directeurs de la pensée humaine, ce sont les héros, ce sont les poètes. Leur volonté n'est pas entendue de l'État. Une révolution se prépare. Elle aura lieu. »

— **Propos d'un solitaire.— L'affaire Dreyfus ;** par G. DUCLAUX, membre de l'Institut. Paris, aux bureaux du *Siècle* et P. V. Stock. In-18. 50 centimes.

Publication en brochure des articles du savant illustre parus dans *le Siècle* et dans lesquels, au nom de la méthode et de la logique, il montre les défauts, les points faibles de l'instruction ouverte contre Dreyfus.

— **Ohé les Jeunes !** par Léon ESCOFFIER. Préface par Achille Steens. Paris, P. V. Stock. In-8. 15 centimes.

Plaidoyer en faveur de la *folie généreuse de l'acte de Zola*, se levant seul pour protester contre la violation de la loi.

— **La Jeunesse ;** dédié à M. Émile Zola, par Louis GUÉTANT. Annonay, imprimerie Royer. Paris, P. V. Stock. In-8. 25 centimes.

Plaquette contre la jeunesse bourgeoise « serviteur de tous les despotismes. »

— **Le procès Dreyfus devant l'Opinion ;** par Pierre SINCÈRE. « Heureux, cent fois heureux ceux que Laubardemont faisait condamner à huis clos par ordre de Son Éminence ! Ils étaient opprimés, mais non déshonorés. » Prix : 10 centimes. (Paris, Léon Hayard.)

Contient la critique du procès. L'auteur déclare ne pas être juif et n'appartenir à aucun syndicat ; mais son cœur se serre, dit-il, à la pensée qu'un innocent, peut-être, subit une torture plus affreuse que tous les supplices de l'enfer du Dante.

— **Étrennes à Dreyfus ;** par Jacques BAHAR. Prix : 50 centimes. Paris, à l'imprimerie du Petit Bénéfice, 13, rue Béranger. (Léon Hayard.) 1897 In-16.

29.

Voix dans la foule. Dialogue entre Pierre et Jean, pour et contre les juifs, pour et contre Dreyfus.

~ **Esterhazy contre lui-même ;** par Jacques BAHAR. Paris, à l'imprimerie du Petit Bénéfice. (P. V. Stock.) 1897. In-16. 50 centimes.

Brochure tendant à prouver que, pour conclure contre Esterhazy, il suffit d'enregistrer ses propres déclarations.

~ **Cour d'assises. — Police correctionnelle. — Émile Zola et les Dreyfus ou la Débâcle des traîtres.** Lettre ouverte à l'Italien Zola dit le Père La Trouille, le papa La Mouquette, le Pétomane, etc.; officier de la Légion d'honneur, candidat perpétuel à l'Académie française, ex-président de la Société des Gens de Lettres, pornographe S. G. D. G. en titre du Naturalisme, etc. Par l'auteur acquitté de ZOLA contre ZOLA — Vente en gros : 35 bis, rue des Saints-Pères, Paris, 1898. In-8. 15 pages.

Par le bouquiniste Ant. Laporte. Sur la couverture, reproduction du titre illustré du volume : *Zola contre Zola*. De chaque côté on lit : *Zola souteneur du syndicat Dreyfus. L'Italien Zola insulteur de l'armée française.*

Sommaire : Pourquoi je reprends ma plume contre Zola ? — Pourquoi Zola a pris pour du talent ce qui n'était que de l'habileté commerciale ? — Les *J'accuse* de Zola. — Zola jugé par lui-même en voulant juger les autres. — Sur quoi porte le débat de Zola en Cour d'assises ? — Quels arguments feront valoir pour la défense Zola et ses avocats. ? — Quelles seront les conclusions du jugement ?

~ **Le Pamphlétaire**. n° 1. Mars 1898. Le J'... de Zola. Directeurs : Édouard Neuburger, Alla, 26, rue Deparcieux.

Les auteurs prennent le J'.... de Zola pour formuler eux aussi leur apostrophe. Pamphlet en faveur de Zola.

~ **L'Œuvre de Zola.** 16 Simili-aquarelles, par H. LEBOURGEOIS. 1re et 2e série. Paris, Bernard et Cie, imprimeurs-éditeurs, 53 *ter*, quai des Grands-Augustins. Gr. in-8°, 3 fr. 50.

Œuvre purement imagesque, succession de tableautins, si l'on veut, faisant défiler en quelque sorte la synthèse graphique de l'Œuvre de Zola, sous une forme caricaturale, en une série

Le Rêve. Reproduction d'une aquarelle de Lebourgeois.

d'aquarelles qui, toutes, du commencement à la fin, représentent l'auteur personnifiant lui-même le caractère de chacun de ses livres. Ainsi *l'Œuvre* montre Zola en vidangeur; *la Fortune du père Rougon*, Zola chiffonnier, cherchant son bien dans une poubelle; *la Curée*, Zola léchant l'assiette au beurre, avec un cochon et un chien ; *le Ventre de Paris*, Zola en cuisinier, allant faire son marché ; *Paris*, Zola émergeant d'un trou d'égout pour voir les dessous... de Paris ; *le Rêve*, Zola en académicien — la planche ici reproduite, etc. Voici, du reste, les titres des aquarelles :

Première série : L'Assommoir, Nana, Pot-Bouille, la Terre, l'Argent, le Ventre de Paris, l'Œuvre, la Bête humaine, le Docteur Pascal, la Débâcle, le Bonheur des Dames, la Curée, la Fortune du père Rougon, Germinal, Paris, le Rêve.

Deuxième série. ; La Joie de vivre, Lourdes, le Roman expérimental, Thérèse Raquin, Une page d'amour, la Faute de l'abbé Mouret, Contes à Ninon, Rome, Madeleine Ferat, Son excellence E. Rougon, les héritiers Rabourdin, Mes haines, le Capitaine Burtel, la Conclusion de Claude, Une campagne, Conclusion... et ce sera justice.

La *conclusion*, c'est les portes de la prison s'ouvrant sur Zola.

— Ces Bons Juifs !
par Raphaël Viau.

La situation actuelle devait faire naître toute une littérature spéciale, ou, ce qui est peut-être plus juste, les quelques écrivains qui se sont fait une spécialité de l'antisémitisme par le livre, devaient profiter de la circonstance pour lancer leurs publications. Au premier rang figure M. Raphaël Viau, l'auteur de *Femmes d'Israël* qui, en ce nouveau volume sorti de sa plume, étudie différents côtés de la question juive. Les grands juifs, fêtes et coutumes israélites, armes hébraïques, etc.

BIBLIOGRAPHIE

~ Le commandant Mardochée; par LEMAURICE. Paris, A. Pierret.

Étude, sous forme de roman, des mœurs militaires et des juifs dans l'armée, à propos de l'affaire Dreyfus. Le commandant Mardochée, juif ambitieux, grotesque et brouillon, se convertissant au protestantisme pour arriver au généralat. Le livre finit ainsi : « Nous avons laissé les Mardochée tranquilles. Ils s'installent comme chez eux et mangent nos bonnes salades. »

~ Israël, par GYP. Paris, Flammarion. In-12. 3 fr. 50.

Recueil de nouvelles, comme toujours, pleine d'esprit et d'observations humoristiques, publiées sous un titre d'actualité.

REVUES

~ La Critique. — Résultat du plébiciste ouvert par ce journal sur l'acte de Zola :

Sur trente réponses parvenues, vingt-six contiennent des témoignages d'admiration pour « l'audace, l'acte de beauté, l'héroïsme, la foi » du Maître. Quatre signataires blâment son attitude. D'après M. Marcel Réjat, l'armée étant une institution d'origine divine, M. Zola, malgré tout son talent, est un abominable sacrilège, pour lequel devraient s'allumer des bûchers ignominieux et les intellectuels sont de mauvais patriotes dont l'opinion ne saurait intéresser les honnêtes gens ;

~ Le Correspondant. 10 Mars : L'armée et ses détracteurs par le général baron Rebillot. Au premier rang l'auteur place *de mauvaise humeur des bacheliers universitaires jetés dans la caserne.*

~ **L'Essor.** Revue d'art, de littérature, de sociologie.

Fascicule de février : Protestations de la jeunesse littéraire « contre la violation des formes juridiques dans le procès de 94, et saluant dans Émile Zola le grand défenseur de la justice et de la vérité ».

Fascicule de Mars : *Pour Zola* (Jean-Marc Viau).

~ **Mercure de France.**

Fascicule de février : *Contre l'infaillibilité du sabre*, par Pierre Quillard (l'auteur traite l'acte d'accusation et le rapport de monument de sottise et dit que le secret d'État ici, c'est *le secret d'Ubu-Roi.*) — *Le Masque de fer*, par M. Rémy de Gourmont (article imbu d'une philosophie très élevée, et concluant ainsi : « Puisqu'il s'agit d'une affaire militaire, que les militaires prennent parti ; puisqu'il s'agit aussi d'une affaire juive, que les juifs prennent parti, je m'abstiens.)

~ **La Revue Blanche.** 1er mars : A Émile Zola. « Nous applaudissons Émile Zola accusateur. »

~ **Revue Bleue.** 5 mars : La paix publique, par Paul Laffitte.

~ **La Revue Claire.** — Article de M. Lebret, l'*Élite et la Foule*.

~ **La Revue Naturiste.** 25 février : Hommage à Zola.

PUBLICATIONS ÉTRANGÈRES

~ **Séparés pour l'éternité ?** *Ou Capitaine Dreyfus et sa femme. Destinée émouvante et déportation terrible.* Berlin, A. Weichert, éditeur. In-8.

Il s'agit ici, est-il besoin de le dire ? d'une œuvre d'imagina-

Reproduction de la couverture de: *Séparés pour l'éternité.*

tion, conçue à l'usage du gros public, publiée en livraisons, avec des gravures également *sensationnelles*, et ayant été tirée d'emblée à un chiffre considérable ; plus d'un million d'exemplaires, dit-on. Images, texte, annonces, tout cela est de la haute fantaisie sur le dos de la réalité. Du roman de colportage fait avec le roman de la vie !

Au verso de la couverture, toute une longue réclame, avec des titres toujours *sensationnels*. « Le plus affreux crime judiciaire du dix-neuvième siècle. » — « Exilé ! » — « Enterré vivant ». — Plan diabolique, instruction mensongère sans pareille ; haine, jalousie, rivalités, tout cela a plongé dans un abîme de malheurs et de souffrances le brave, jeune, élégant officier, le chevaleresque amant de la femme ; celui qui était entouré de tous les avantages de la fortune et de l'amour. Supplices sans nom subis quatre mois durant dans les mystères de la prison. Envoi à l'île du Diable, plus terrible encore que son nom, au milieu des bêtes fauves, des scorpions, des serpents. » — Pleurez, pleurez bonnes âmes ! Et si vous voulez connaître le secret terrible, le voici : « L'admirablement belle jeune femme de Dreyfus, son dévoué frère Mathieu, ont intrigué, combattu pour délivrer leur tendrement aimé. — Une femme fourbe, démoniaque, travaille contre eux ; elle veut perdre à tout jamais Dreyfus, car elle l'a autrefois aimé ; elle eut conquis le ciel pour lui, et maintenant ... ? »

Ainsi donc, voilà : affaire de femme ; ce n'est pas plus difficile que cela. Et si la misère humaine peut toucher votre cœur, si la haine infernale d'une femme vous poursuit, si vous voulez admirer la vertu féminine, lisez ces livraisons.

Boum ! boum ! un coup de grosse caisse ! Ouvrez et lisez. Pour nous, ne quittons pas cette réclame modèle sans noter ce qui se lit en marge :

« Le monde civilisé tout entier a les yeux fixés sur ce crime
« monstrueux. — Femmes et filles pleurent. — Les hommes les
« plus courageux versent eux-mêmes des larmes sur les souf-
« frances de ce malheureux. »

— **A M. Émile Zola**, par Charles Albert. Bibliothèque des Temps Nouveaux. Numéro 12. Administration, 51, rue des Éperonniers, Bruxelles. 10 cent.

Publication félicitant l'écrivain et l'engageant à entreprendre l'œuvre de la révolution sociale. La Bibliothèque des « Temps nouveaux » a édité des brochures d'Elisée Reclus, Tolstoï, Eekhoud.

NOTES ICONOGRAPHIQUES

CARICATURES NON PUBLIÉES EN CE VOLUME

Au jour le jour. — **La Débâcle.** 3 numéros.

La Feuille (n° 7). — Les moutons de Boisdeffre par Steinlen. (Un sabre montré à la foule hurlante.)

Le Grelot
6 mars : *Si le général de Boisdeffre voulait ! Il lui serait facile d'envahir le Palais Bourbon à la tête d'une compagnie... de Jésus.*

Le Geste. N° 1 (10 mars). — *Le mauvais semeur*, dessin de Grün (portrait-charge de Georges Thiébault).

Ouste ! Gîte : 11, boulevard des Filles-du-Calvaire. Texte et icônerie d'Ernest La Jeunesse. N°s 1 et 2.
« Il a été tiré cent exemplaires numérotés et signés sur papier de luxe. Prix : 2 francs. »

Le Pilori.
5 décembre 1897 : *Les fumisteries d'un sénateur.*
12 décembre 1897 : *Correction méritée.*

Comédie Politique, de Lyon.
28 novembre 1897 : *La femme voilée* (c'est l'empereur d'Allemagne). Instantané pris par la *Comédie Politique.*
12 décembre : *Le secret de l'Ile du Diable.*
23 janvier : *Saint Esterhazy, ora pro nobis.*
6 février : *Vive l'armée !... d'après Kab, peintre d'histoire.*
27 février : *A la recherche de la Vérité !...*

La Silhouette, 12 décembre : *A la Niche*, par Bobb.

~ **Moonshine**, de Londres, 12 mars.

Esterhazy dans la demi-lune qui se trouve toujours en première page de ce journal et sur laquelle prirent place, à tour de rôle, toutes les célébrités du jour.

~ **La Rana,** de Bologne, 4 mars.

Après la condamnation de Zola. Un nouveau Saint-Sébastien. (La République attachée au poteau du chauvinisme livrée à l'opportunisme, au militarisme et au cléricalisme, tandis que l'Italie, l'Allemagne, l'Angleterre, l'Autriche, la Russie, lui lancent des flèches de papier.)

~ **De Nederlandsche Spectator**, de La Haye, (5 mars).

Familles juives quittant Paris et la France pour Amsterdam (cortège grotesque avec le veau d'or et une voiture portant les bijoux, l'or et les effets.)

~ **Nebelspalter** de Zurich 1er janvier 1898. — *Vous ne me mettrez jamais dans cette soupe* (Guillaume II répondant aux journaux parisiens).

4 mars. — *Maintenant, gamins, vous êtes contents de vous : une fois encore nous avons montré au monde ce que nous sommes à même de faire.*

DERNIÈRES CHANSONS

~ **Cadet Zola.** Chanson d'actualité, 2 pages avec gravure. In-8.

~ **Faire Zola ?** Musique de M. Henri, paroles de F. Moisan.

DERNIÈRE QUESTION

~ **Jugement dernier du Syndicat.** (Léon Hayard, éditeur). Un grand Diable se préparant à plonger Zola dans la chaudière des carottiers de l'île du Diable, tandis qu'au-dessus, un petit diablotin tient la pancarte sur laquelle on lit : *Verdict Zola. Un an de prison, 3.000 francs d'amende.*

Le mouvement consiste à plonger Zola dans la chaudière.

(*La Réforme*, de Bruxelles, février 1898.)

I. TABLE DES MATIÈRES

                                                                                 Pages.

I. En manière de préambule.   1
II. La caricature française. 17
III. La littérature et l'imagerie populaires 35
IV. Les caricatures étrangères. 67
V. Les petits côtés de l'histoire :
    L'esprit des journaux. 291
    La poésie... majeure et mineure. 305
    Les joyeusetés de l'annonce et de la réclame. . 315
VI. Choses et autres. 325
VII. Bibliographie (Livres — Revues — Journaux). . 337

II. TABLE DES GRAVURES

L'âge du papier.. . . . . Frontispice
  I. Caricatures françaises. 1, 16, 17, 24, 27, 29,
     30, 31, 33, 37, 66, 93 à 166. 315
 II. Caricatures allemandes. 169 à 181 291

		Pages
III.	Caricatures anglaises............ 182 à	187
IV.	Caricatures autrichiennes. 90, 188 à 225, 336,	337
V.	Caricatures belges........ 226 à 231, 289,	338
VI.	Caricatures danoises.......... 232 à 234,	288
VII.	Caricature espagnole.................	235
VIII.	Caricatures hollandaises.......... 236 à	247
IX.	Caricatures italiennes... 35, 67, 167, 248 à	272
X.	Caricature portugaise.................	273
XI.	Caricature roumaine.................	274
XII.	Caricatures russes............. 275 à	280
XIII.	Caricatures suisses............. 281 à	285
XIV.	Caricatures américaines.......... 286,	287
XV.	Placards, titres de chansons, bibelots populaires... 41, 43, 44, 45, 48, 49 51, 52, 53,	55
XVI.	Cartes postales............... 61, 62,	63
XVII.	Titres de volumes............ 344, 345,	347

UNE PARTIE DE TRESETTE

Zola. J'accuse.
Les témoins (en chœur). Nous réfutons.

(*Don Chisciotte*, de Rome.)

Blanc ou Noir?

Défauts constatés sur le document original

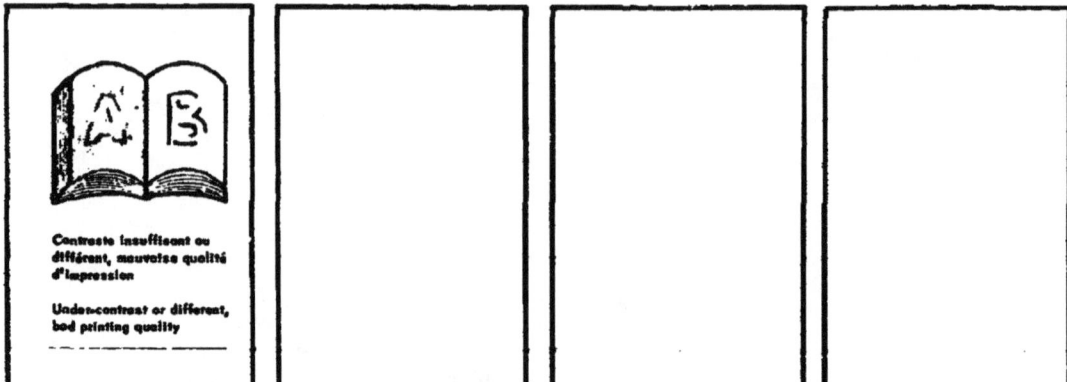

Contraste insuffisant ou différent, mauvaise qualité d'impression

Under-contrast or different, bad printing quality

www.ingramcontent.com/pod-product-compliance
Lightning Source LLC
Chambersburg PA
CBHW070907170426
43202CB00012B/2232